●当代中国中青年管理学者文库■

北京印刷学院会计硕士产学研联合培养研究生基地资助项目，项目编号：09000114/094
北印英才选拔与培养计划资助项目，项目编号：27170115004/035

上市公司现金持有行为研究
——基于成长性的视角

何志勇／著

BEHAVIOR ANALYSIS OF
CASH HOLDINGS IN LISTED COMPANIES
——IN THE PERSPECTIVE OF GROWTH

经济管理出版社
ECONOMY & MANAGEMENT PUBLISHING HOUSE

图书在版编目（CIP）数据

上市公司现金持有行为研究——基于成长性的视角/何志勇著. —北京：经济管理出版社，2015.9
ISBN 978-7-5096-3891-0

Ⅰ.①上… Ⅱ.①何… Ⅲ.①上市公司—现金管理—研究—中国 Ⅳ.①F279.246

中国版本图书馆 CIP 数据核字（2015）第 175020 号

组稿编辑：申桂萍
责任编辑：张　达
责任印制：黄章平
责任校对：王　淼

出版发行：经济管理出版社
（北京市海淀区北蜂窝 8 号中雅大厦 A 座 11 层　100038）
网　　址：www. E-mp. com. cn
电　　话：(010) 51915602
印　　刷：北京九州迅驰传媒文化有限公司
经　　销：新华书店
开　　本：720mm×1000mm/16
印　　张：10.5
字　　数：153 千字
版　　次：2015 年 9 月第 1 版　　2015 年 9 月第 1 次印刷
书　　号：ISBN 978-7-5096-3891-0
定　　价：39.00 元

前　言

现金是公司中最具流动性的资产，它具有普遍的可接受性，可以立即有效地用来购买商品、劳务或偿还债务。同时，现金也是获利最差的资产。对于管理者而言，如何贯彻和落实现金的总量适度，适时调节和安全保障等管理原则，是一个极其重要的现实问题。而成长性作为企业竞争能力的表现，一直为企业所努力追求，并得到理论界的持续关注和研究。本书以企业成长性为研究视角，以现金持有水平为研究主线，在理论分析和文献回顾基础上，对现金持有水平的影响因素、现金持有量的动态调整和现金持有的价值效应三个方面进行了实证研究，对不同成长性上市公司的现金持有水平进行了理论解释。

本书的研究结论和创新主要有以下几点：

（1）从一个新的视角，即企业成长性视角对我国上市公司现金持有水平进行了比较研究。现有的文献主要从国别、行业和环境等角度对上市公司的现金持有现状、动机和影响因素等进行实证研究，而较少围绕某一具体特征进行深入细致的研究。本书通过比较发现，企业成长性不同，其现金持有水平的影响因素、动态调整速度和形态以及边际市场价值与股东价值存在较大的差别。这从一新的角度丰富了企业成长理论的内涵，并有利于成长性企业更好地管理和使用现金。

（2）对于企业成长性的判定，本书有别于现有文献中常见的使用销售收入、盈利能力、托宾 Q 等单个指标进行测度的方法，而是筛选出 435 家上市公司，并取得其 2007~2012 年中的 2610 个有效样本，选取衡量企业成长性的 12 项财务指标，运用主成分分析法构建了上市公司成长性评价模型，并根据平均得分的高低将上市公司划分为高成长性与低成长性样本公司，从而使得研究基础和研究结果更加严谨可信。

（3）在研究现金持有的影响因素时，本书发现公司财务特征是影响上市公司现金持有水平的重要因素，其对现金持有量的形成起到关键作用。对于所有样本公司而言，现金流量、现金替代物和资本性投资支出与现金持有水平正相关；而债务期限结构与其负相关，且相关性较为显著。企业规模、盈利能力在低成长性样本中与现金持有水平显著相关，但在高成长性样本中并不显著；相反，财务杠杆、现金股利支付在高成长性样本中与现金持有水平显著相关。此外，本书还分析了各个影响因素的相对重要性程度。财务杠杆和债务期限结构对高成长性样本公司现金持有水平影响程度较高，而现金替代物、盈利能力和企业规模对低成长性样本公司现金持有水平往往具有较大的影响。

（4）通过对影响公司现金持有水平的财务特征进行逐步多元回归分析，本书估算出样本公司的目标现金持有量，并与实际现金持有量进行比较，从公司治理的角度对超额现金持有水平的影响因素进行了比较分析。实证发现，超额现金持有水平与公司治理变量在统计学意义上多不显著相关。在高成长性样本中，仅股权制衡度、外资控股股东性质与超额现金持有水平显著负相关；而在低成长性样本中，仅管理层持股比例这一变量与超额现金持有水平显著负相关，同时模型的整体解释能力很弱，这也说明了公司治理对超额现金持有水平并未产生直接影响。

（5）上市公司存在目标现金持有量，且其现金持有调整存在滞后性，呈现持续性单方向调整的特殊现象。本书在对 Opler 和 Ozkan 模型改进的基础上，构建了两个现金持有动态调整回归模型。采用 OLS 分析法，发现样本公司确实存在目标现金持有量。在调整速度上，高成长性样本公司现金持有动态调整速度为 0.356，要快于低成长性样本公司（0.329），但与资本市场较为发达的国外公司相比，调整速度偏慢，说明我国上市公司融资成本较高，资本配置不够及时有效。在调整形态上，样本公司存在着一定的相似性，实际现金持有量处于最优值单侧上方，呈现持续性单方向调整的特殊现象。

（6）上市公司现金持有的边际股东价值存在较大幅度的折价，远低于西方学者对发达国家公司现金持有的估值水平。高成长性样本公司单位现金资产的边际股东价值平均水平大约为 0.293 元，低成长性样本公司平均水平大约为 0.566 元，而发达国家公司现金持有的边际股东价值为 0.6~0.9 元。从融资约束角度进行分析，研究发现，与高成长性样本公司相比，低成长性样本公司固定资产投资支出更多地依赖于已有现金持有量而不是内部现金流量，且现金持有水平对固定资产投资支出的促进作用更为显著，这也间接证实了低成长性样本公司融资约束程度更高，现金持有对企业价值和股东价值的边际贡献更为显著。

本书基于成长性视角对上市公司现金持有水平的研究，可以进一步丰富我国特殊制度背景下的现金持有的研究成果，可以强化现金持有理论对企业成长的指导性意义。从实践意义来讲，本书所得出的不同成长性上市公司现金持有水平的研究结论，能够在一定程度上为公司利益相关者，包括股东、经理人、债权人和政府监管部门的决策提供一个新的思考角度，能够有助于我国公司治理制度的不断完善，能够让公司在不同的成长阶段更合理地持有和使用现金。

何志勇

2015 年 6 月

目　录

第一章 导 论

第一节 问题提出与研究意义

现金是公司中最具流动性的资产，它具有普遍的可接受性，可以立即有效地用来购买商品、劳务或偿还债务。同时，现金也是获利最差的资产。对于管理者而言，如何贯彻和落实现金的总量适度，适时调节和安全保障等管理原则，是一个极其重要的现实问题。自 2008 年全球金融危机以来，美国各大企业保有更多现金的意愿明显增强。根据《华尔街日报》的数据，美国资本规模最大的 500 家非金融性企业在 2008 年第二季度的现金及短期投资工具总价值为 8460 亿美元，占其总资产的比例为 7.9%，而在第三季度披露财报的 248 家美国大型企业中，其现金持有量在总资产中所占比重上升至平均 11.1%的水平。

作为成长性较好的高科技行业，“现金为王”这一理念显得尤为突出。各大公司不断囤积资金，要么用于研发新技术，要么用于并购其他公司以弥补自身的产品空隙，进而获得更大竞争优势和更多经济利益。2011 年，美国科技博客网站 business insider 发表文章，指出了全球科技业界所持现金数量最多的十大公司。其中，中国移动居首，现金持有量为 445 亿美元；微软、思科和谷歌紧随其后，现金持有量分别为 413 亿美元、402 亿美元、350 亿美元；苹果以 270 亿美元屈居第五。但短短的两年过后，苹果公司持有的现金总量达到了惊人的 1470 亿美元，约占美国非金融公司现金总量的 10%。

值得注意的是，这家市值高达 4160 亿美元、10 年年均每股收益增长率为 86%、年回报率为 54%的明星企业，其巨额的现金储备却让它陷入了尴尬[①]。苹果积累的现金远远超出了公司运营所需，并且有继续上涨的趋势，而其股价由 2012 年 9 月的 702 美元迅速跌至 2013 年 4 月的 400 美元以下。2013 年 2 月，CEO 蒂姆·库克在高盛集团（Goldman Sachs）的技术会议上说："现金返还是眼下面临的棘手问题，关系到如何返还，以及返还多少。"

美国学者艾尔弗雷德·拉帕波特或许早已给出了答案。他在其总结的创造股东价值的若干原则中指出，当有价值意识的公司面临有限的价值创造机会时，应该将其所拥有的大量剩余现金通过分红和股票回购的方式返还给股东。这样做不仅可以提供给股东通过其他投资方式或途径获取更高收益的机会，而且可以抑制公司管理者滥用现金过度投资的冲动，在一定程度上减少有失明智和价格过高的收购，从而降低破坏公司价值的风险。

苹果公司或许可以向同为高成长性企业的微软公司学习，其从 2003 财年开始首次实行现金分红，同时继续执行股票回购计划。从 2002 年底到 2012 年，微软公司用于分红和股票回购的资金至少有 1850 亿美元。由于公司的股票数减少了 22%，因此每股收益上涨了 189%，同时股价年增长率为 12%[②]。

这两个案例提出了财务文献中一些需要解决的难题——影响成长性上市公司现金持有水平的动机和因素有哪些？成长性上市公司有无目标现金持有量？现金持有过多会给成长性上市公司带来什么样的问

① 公司创始人及前 CEO 史蒂夫·乔布斯（Steve Jobs）在世时，公司一直凭借较低的固定收益回报率赚钱，而且坚决反对把现金交还股东处置，这一切使得公司的现金额不断上升。此外，乔布斯也不喜欢股票回购和"愚蠢的收购"。

② 尽管公司每股收益增长迅速，但由于公司未能在 Windows 和 Offices 等原有产品基础上开发出受消费者关注的创新性新产品，公司发展前景变得扑朔迷离，股价因此也陷入停滞。

题？现金持有与成长性上市公司绩效有怎样的内在关系？等等。以前的研究对象较为宽泛，往往从一国或某地区、行业出发，研究其所有上市公司现金持有的影响因素及市场价值等问题，缺少横向比较，而且，众多的研究成果没有得到较为一致的结论。实际上，公司现金持有是大股东、经理人和中小股东利益较量的结果。公司成长性不同，其财务状况及治理水平都不相同，现金持有水平各异。

目前，现金持有问题一直受到国内外财务学界研究的关注，其内容包括理论和实证两方面。从两者的发展进程来看，理论研究要先于实证研究，但实证研究的发展势头更为迅猛。Opler 等（1999）最早对现金持有的影响因素进行了开创性的实证研究[①]，后来所涌现的大量研究成果都在此基础上传承、发展和创新。归纳来讲，这些研究主要包括两部分：一是关于现金持有水平影响因素的研究；二是关于现金持有对企业绩效或价值的影响，即现金持有经济后果的研究。在研究过程中，两部分并不是截然分开，而是相互紧密联系，相互都有涉及。我国学者则是从 2005 年左右开始关注现金持有领域的实证研究[②]，研究重点主要侧重于现金持有影响因素，而对现金持有市场价值的研究鲜有涉及。

目前，国内关于现金持有问题的研究文献相对比较薄弱，对此问题的研究不够深入；尤其在我国上市公司所面临的特殊制度背景下，研究的广度和深度不够。从现状来看，我国在公司治理效力和中小股东保护方面存在着以下几个特点：①公司治理不够规范，内外部存在程度较高的信息不对称，加上资本市场发展的不完善，造成公司外部

① Opler 等（1999）以美国 1971~1994 年上市公司的数据为研究对象，对其现金持有量的决定因素进行了研究，得出的结论是美国的上市公司存在目标现金持有量，而且上市公司的现金持有量与企业规模、信用等级、是否支付现金股利、财务杠杆以及净营运资本与资产的比率负相关，而与 M/B 比率、现金流量、现金流量的不确定性、财务困境成本正相关。

② 胡国柳等（2005）以 1998~2002 年的 79 家 B 股公司为样本，通过多元线性回归分析，得出现金替代物、杠杆比率和公司年龄与现金持有水平显著负相关，企业规模与现金持有水平显著正相关的经验结论；但增长机会、现金流、现金流变异性、银行债务、债务期限结构及股利支付哑变量与现金持有水平无关或相关性不显著。

融资成本增加，导致公司出于“交易成本动机”和“预防性动机”而高额持有现金；②股权高度集中，国有股“一股独大”，而所有者缺位严重，外部经理人市场尚未形成，公司经理人所面临的内外部约束较小，加上管理层持股比例不高，足以让经理人在现金持有决策和实际使用中产生“自利行为”；③上市公司普遍偏好股权融资，使得经理人在现金使用决策过程中拥有了更大的自主权和随意性，导致融通资金使用效率不高或大量闲置；④现有法律和制度体系对中小股东的利益保护较弱，为控股股东在现金持有决策和实际使用中的“自利行为”创造了条件。因此，必须将现金持有的影响因素及价值效应结合起来进行研究才具有更强的理论和现实意义。

而成长性作为企业竞争能力的表现，一直为企业所努力追求，并得到理论界的持续关注和研究。例如，早在 1934 年，Graham 就指出由于负债融资具有“税遁效应”，公司可通过高负债的投机性资本结构来实现高速成长。Smith 和 Warner（1979）则指出负债融资会产生投资不足问题，进而会减缓公司的成长[①]。从世界各国的经济发展进程来看，成长性企业对宏观经济有巨大的推动作用，同时对各国的资本市场和投资者都具有很大的吸引力。判断一个国家资本市场是否有效，一个重要的标准是它能否吸收到大量资本，并将其有效地配置到最具成长性、最有效益的企业中去；对于投资者而言，选择成长性企业无疑是实现自身财富增值的捷径；对于企业内部而言，根据企业的成长阶段制定不同的投融资政策也是公司管理者所必须要考虑的。但是，国内关于企业成长性的研究成果较少，更多地关注于管理问题而不是成长本身。此外，研究方法侧重于规范和定性分析，实证和定量分析较少。同时，从实践方面看，管理层和投资者并没有从根本上理解和重视企业的成长性，企业成长处于自发和失序的自然生长状态。因此，

① Larry Lang 等（1994）在对财务杠杆、投资与公司成长的研究中发现，对于那些具有良好投资机会的公司而言，财务杠杆不会减缓公司的成长；但当公司的成长机会不被资本市场所发现，或者高负债所带来的风险和成本高于其成长机会的价值时，财务杠杆与公司的成长性负相关。

扶持并培育成长性企业，成为推动国民经济又好又快发展的关键。从这种意义上讲，如何加强企业成长性的研究显得十分必要和迫切。

从中国知网和万方数据库的搜索结果来看，有关公司成长性对现金持有水平影响的研究论文很少。而现金作为企业的一种重要资产，对公司生存与发展的重要意义，从“现金为王”这一说法中可见一斑。虽然有关现金持有的理论较多，但大量的文献侧重于公司治理影响因素的研究。诚然，公司治理是现代公司制企业的一个重要研究命题，会对公司的现金持有决策产生重大影响。但持续经营才是一个公司实现各种职能与目标的基础，因此，从成长性角度来关注公司的现金持有问题显得很有必要。

基于成长性和比较视角，作者对我国上市公司现金持有水平所进行的研究，希望可以进一步深化我国特殊制度背景下现金持有的研究成果，可以强化现金持有理论对企业成长的指导性意义。从实践意义来讲，本书所得出的不同成长性上市公司现金持有水平的研究结论，能够在一定程度上为公司股东、经理人、债权人和政府监管部门等利益相关者的决策提供参考，能够有助于我国公司治理结构和治理环境的不断改善，能够引导公司在不同的成长阶段合理有效地持有和使用现金。

第二节 研究方法、内容及框架

一、研究方法

本书以企业成长性为研究视角，以现金持有水平为研究主线，在理论分析和文献回顾基础上，对现金持有水平的影响因素、现金持有量的动态调整和现金持有的价值效应三个方面进行了实证研究，对不同的研究结果进行了理论解释。主要的研究方法有如下两点：

（1）比较研究。本书选取 435 家沪深 A 股非金融类上市公司在 2007~2012 年经营期间的数据为样本，运用三分法进行成长性分类，比较不同成长性上市公司在现金持有水平的影响因素、调整速度和形态以及市场价值和边际价值等方面的不同。

（2）实证分析。采用主成分分析法构建上市公司成长性评价模型，通过描述性统计和相关性分析进行定性分析比较，以混合数据多元线性回归来进行定量比较分析。此外，本书注重静态与动态分析的结合。从静态的角度对上市公司现金持有水平的影响因素和市场价值进行了实证分析；从动态的角度对上市公司现金持有的跨期动态调整速度、形态以及边际价值进行了比较研究。

二、主要内容及研究框架

本书的研究框架如图 1-1 所示。

全书的主要内容安排如下：

第一章，导论。提出本书所要研究的主要问题及选题意义，指出本书的研究方法、主要内容及研究框架，并简略总结出本书的创新之处。

第二章，理论基础与文献综述。对现金持有的相关理论，包括权衡理论、融资优序理论和代理理论进行了阐述、归纳和总结，对现金持有影响因素、动态调整和经济后果的相关实证文献进行了整理与评述，为本书的后续研究奠定理论和实践研究基础。

第三章，上市公司成长性判定分析。通过对企业成长性评价的理论基础和实证研究的评述，基于研究目的，筛选出 435 家上市公司，并取得其 2007~2012 年中的 2610 个有效样本，选取了衡量企业成长性的 12 项财务指标，运用主成分分析法构建了上市公司成长性评价模型，并根据平均得分的高低将上市公司划分为高成长性与低成长性样本公司。

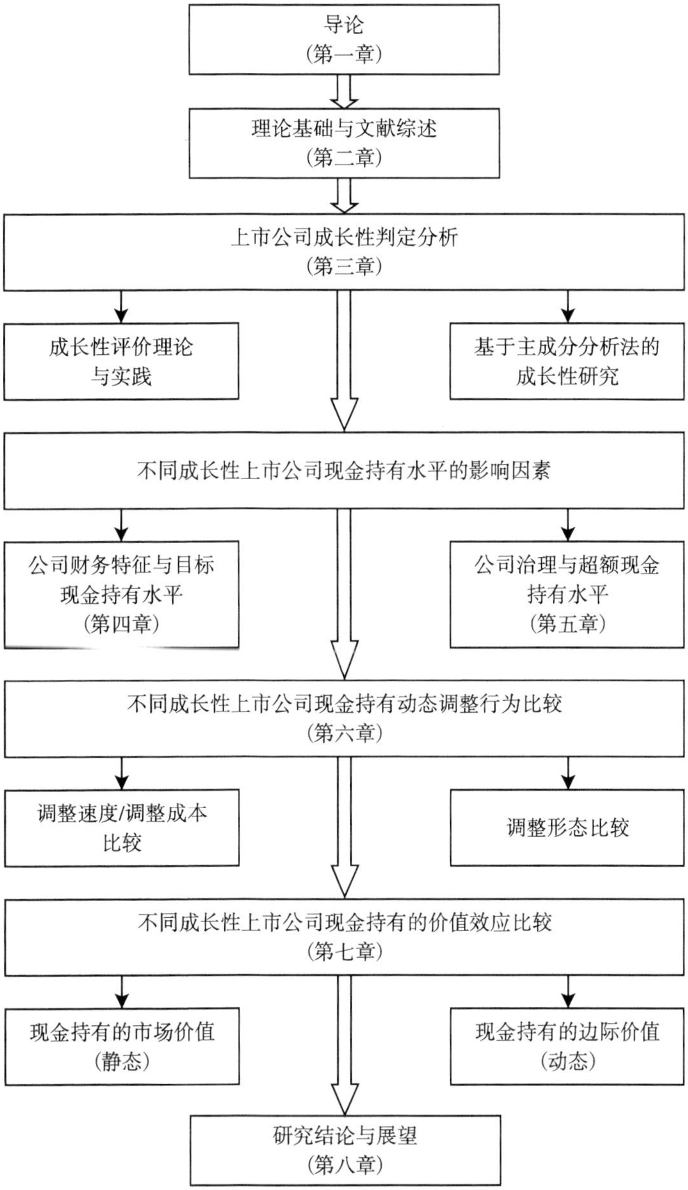

导论
（第一章）

理论基础与文献综述
（第二章）

上市公司成长性判定分析
（第三章）

成长性评价理论与实践

基于主成分分析法的成长性研究

不同成长性上市公司现金持有水平的影响因素

公司财务特征与目标现金持有水平
（第四章）

公司治理与超额现金持有水平
（第五章）

不同成长性上市公司现金持有动态调整行为比较
（第六章）

调整速度/调整成本比较

调整形态比较

不同成长性上市公司现金持有的价值效应比较
（第七章）

现金持有的市场价值
（静态）

现金持有的边际价值
（动态）

研究结论与展望
（第八章）

图 1-1 研究思路与框架结构

第四章，公司财务特征与目标现金持有水平。从公司财务特征角度，根据权衡理论和融资优序理论，对现金持有水平的影响因素进行了理论分析，并以不同成长性上市公司为比较对象，从实证的角度检验了两种理论的适用性，并试图找出支持哪种理论更具解释力的证据。

最后，运用逐步回归法建立了一个以公司财务特征为变量的目标现金持有水平模型，用实际现金持有水平减去目标值来衡量超额现金持有水平。

第五章，公司治理与超额现金持有水平。以不同成长性上市公司为比较对象，选取超额现金持有水平因变量和股权集中度、股权制衡度、管理层持股比例、控股股东性质、董事会规模、独立董事比例、董事长与总经理两职合一状况 8 个解释变量研究了公司治理对超额现金持有水平的影响。

第六章，不同成长性上市公司现金持有动态调整行为比较。以现金持有动态调整模型和最优现金持有水平模型为基础，以不同成长性上市公司为比较对象，从跨期调整速度（成本）和调整形态两个角度对现金持有动态调整行为进行了对比研究。

第七章，不同成长性上市公司现金持有价值效应比较。分别从现金持有的市场价值和边际价值的角度构建基本回归模型，以不同成长性上市公司为样本，估算出现金持有量和变化量的回归系数，通过比较得出研究结论。

第八章，研究结论与展望。重点对以不同成长性上市公司为样本数据所得出结论的差异性进行分析，提出企业应根据自身的成长性前景合理持有和使用现金的若干建议或启示。此外，指出了本书研究的不足（如指标选择、研究方法等方面）以及未来进一步研究应关注的内容。

第三节　本书的创新之处

与已有的研究相比，作者认为本书在以下几个方面有所发展和创新：

（1）从企业成长性这一新的视角，比较研究了我国上市公司现金持有水平。已有的文献主要从国别、行业和环境等角度对上市公司的现金持有现状、动机和影响因素等进行实证研究，而较少围绕某一具体特征进行深入细致的研究。本书通过比较发现，企业成长性不同，其现金持有水平的影响因素、动态调整速度和形态以及边际市场价值与股东价值存在较大的差别。这从一个新的角度丰富了企业成长理论的内涵，并有利于成长性企业更好地管理和使用现金。

（2）对于企业成长性的判定，本书有别于现有文献中常见的使用销售收入、盈利能力、托宾 Q 等单个指标进行测度的方法，而是筛选出 435 家上市公司，并取得其 2007~2012 年中的 2610 个有效样本，选取衡量企业成长性的 12 项财务指标，运用主成分分析法构建了上市公司成长性评价模型，并根据平均得分的高低将上市公司划分为高成长性与低成长性样本公司，从而使得研究基础和研究结果更加严谨可信。

（3）在研究现金持有的影响因素时，本书重点分析了各个影响因素的相对重要性程度。现有的研究都只是分析了影响现金持有的因素有哪些，而没有涉及这些因素的相对重要性。本书通过计算各个影响因素标准回归系数的方法，对它们的重要性程度进行了分析。结果发现，财务杠杆和债务期限结构对高成长性样本公司现金持有水平影响程度最大，而现金替代物、盈利能力和企业规模对低成长性样本公司现金持有水平往往具有较大的影响。

（4）通过逐步回归法建立了一个以公司财务特征为变量的目标现金持有水平模型，并将不同成长性上市公司实际现金持有量与目标值相比较，从公司治理的角度对超额现金持有水平的影响因素进行了比较分析。已有的文献很少对上市公司是否存在目标现金持有量进行研究，对超额现金持有水平影响因素的研究也少有涉及。

（5）首次从融资约束的角度对不同成长性上市公司现金持有边际价值所存在的差异进行了分析研究。结果发现，与高成长性样本公司相比，低成长性样本公司固定资产投资支出更多地不是依赖于内部现金流量，而是依赖于已有现金持有量，且其对固定资产投资支出的促进作用更为显著，这也间接证实了低成长性样本公司融资约束程度更高，现金持有对企业价值和股东价值的边际贡献更为显著。

第二章　理论基础与文献综述

第一节　现金持有研究的理论基础

一、现金持有的权衡理论

现金持有的权衡理论认为，公司可以通过权衡持有现金的边际成本和边际收益来使得企业价值最大化。在经理人致力于股东财富最大化的假设前提下，持有现金有利有弊。其益处包括：首先，现金持有可以减少发生财务困境的可能性，因为当公司面临意外损失或外部融资约束时，现金可以作为一种安全储备；其次，现金持有可以使公司在面临外部融资限制时不用被迫放弃有利可图的投资项目，可以随时满足投资项目的资金需求；最后，现金持有有助于减少外部筹集资金或清算现有资产的成本，因为它充当了公司资金来源和资金使用之间“缓冲器”的作用。持有现金的传统边际成本是指由于配置了低收益率流动资产而带来的资本机会成本。

关于最佳现金持有量的研究，最早可以追溯到 20 世纪 50 年代的 Baumol 现金库存模型。Baumol（1952）在借鉴经济订货批量模型的基础上，指出现金类似于存货会发生两部分成本：一部分是有价证券转换成本，是每次筹集资金时所发生的类似于订货的费用；另一部分是机会成本，是与持有现金相关的类似于维持库存的费用。该模型假定现金的筹集能够瞬间完成，而现金支出是均衡连续的。为了使两部分成本之和最小化，可以采用类似于经济订货批量模型那样求导运算，计算出最佳现金持有量。

最佳现金持有量 $C^* = \sqrt{2TF/R}$

其中：T 表示给定时间内现金需求的预期总额；

F 表示有价证券转换为现金的成本；

R 表示持有现金的资本机会成本。

在该模型的基础上，Tobin（1956）集中分析了在给定交易量情况下，现金需求的利息率弹性问题，但其本质上与 Baumol 模型的原理基本相同①。

Miller 和 Orr（1966）在 Baumol–Tobin 模型的基础上对现金库存模型进行了修正，他们认为企业的现金收支不是均衡连续，而是随机、不规则的，同时企业现金的流入和流出可能同步发生于这样的情况下，现金持有不仅要考虑交易成本动机，还要考虑现金流量的波动性，也就是预防性动机。因此，Miller–Orr 模型假定现金持有余额应在预测最大的现金持有量 U^* 和最小的可接受的现金持有量 L 之间。当现金余额达到最高水平时，则用现金购买有价证券，使现金余额回到理想水平；当现金余额达到最低水平时，则出售有价证券，使现金余额达到理想水平。此时，

最佳现金持有量 $C^* = L + \sqrt[3]{3F\sigma^2/4R}$

最高现金持有量 $U^* = 3C^* - 2L$

其中：F 表示有价证券转换为现金的成本；

σ^2 表示现金流量变化的方差，即现金流量波动性；

R 表示持有现金的机会成本；

① 尽管两位学者所提出的模型存在差异，但其结果在本质上相同，故大量文献一般描述为 Baumol–Tobin 模型。

L 表示最低现金持有量，往往根据企业愿意承受现金短缺风险的程度而定。

从 Miller-Orr 模型不难看出：现金持有水平与转换成本、现金流量的波动性正相关，与持有现金的机会成本负相关。

以上模型都存在着较为严格的前提假定，且忽视了影响现金持有的其他重要因素，如企业规模、盈利能力、财务杠杆、债务期限结构、成长机会等，所计算出的最佳现金持有量往往与实际持有量并不相符或相去甚远。因此，最佳现金持有量的确定需要通过统计方法进行实证检验，对影响现金持有量的重要非随机变量进行控制。

Opler 等人（1999）实证发现美国上市公司确实存在最优现金持有量[①]，并发现其具有强劲的增长机会，更高的业务风险，和相对较小规模的公司一样往往持有更多的现金。而有着良好的资本市场通路，如规模较大和较高信用等级，以及财务杠杆较高的公司倾向于持有较少的现金。Guney 等人（2003）通过构建一个动态的目标现金持有量调节模型，对英国、法国、德国、日本等国家的公司样本进行研究，发现所有样本都有朝目标现金持有量趋近的趋势，尤其以英国公司较为明显[②]。

二、现金持有的融资优序理论

现金持有的融资优序理论认为，不存在所谓的最优现金持有水平，如同公司不存在最优资本结构一样。基于信息不对称，Myers 和 Majluf（1984）认为公司遵循融资啄序的原则来最小化信息不对称成本。融资顺序应该是先从内部资金开始，然后是债务融资，最后是权益融资，债务融资的信息成本比权益融资的信息成本要低得多。这种融资偏好

① Opler 等（1999）以 1950~1994 年 Compustat 数据库中拥有连续 5 年以上现金持有数据的美国公司为样本，构建了一个公司实际现金持有量与目标现金持有量之间的调整模型。借助一阶自回归方法，发现模型回归系数为负值，表明公司现金持有余额不会升高或降低太多，而是围绕某一目标值或均值上下波动，进而发现公司存在目标现金持有水平的支持性证据。

② 其中，法国、德国、日本公司现金持有的调整速度较为接近，而英国公司调整速度相对较快。

表明信息不对称对现金持有水平具有重要的影响。Dittmar 等人（2003）认为，现金持有余额是公司按融资优序模式投融资决策的结果[①]。因此，当公司拥有较多投资机会而其外部融资受限或成本较高时，它们会偏向于持有尽可能多的现金。

融资优序理论和权衡理论都是以股东价值最大化假设为前提，并使用了相同的公司财务特征代理变量来研究其对公司现金持有水平的影响。两种理论的主要区别在于权衡理论预测公司投资（如资本性投资支出、研发支出等）与现金持有水平正相关，而融资优序理论预测为负相关（Dittmar et al.，2003）。

三、现金持有的代理理论

代理理论认为，现代企业所有权和经营权的分离，导致了经理人和股东利益的不一致。当公司拥有较多的内部现金流量时，经理人需要做出决策：是通过投资新的项目、寻求并购，以回购或股利的方式分发现金给股东来更好地满足股东利益，还是继续持有现金。基于自利性动机的经理人可能会选择后者，这是因为经理人能够将流动性资产以比公司其他资产更低的成本转换为个人收益（Myers & Rajan，1998），相对于公司其他资产，现金管理中的代理问题可能更加突出[②]。此外，处于强势的经理人可能会追求持有过多现金所带来的支出自主灵活性，即使这种支出会减少企业价值。最终，投资者会将公司所持有的每一美元现金的价值估价少于面值，因为他们认为很可能存在经理人不恰当使用现金的可能性（Dittmar & Mahrt-Smith，2007）[③]。

---

① 高现金流量的公司在支付股利和偿还债务后才会积累现金，低现金流量的公司会以提取现金和发行债务来筹资投资所需资金，但不会从资本市场筹集权益资金，因为其成本太高。

② Papaioannou 等人（1992）认为经理人倾向于把持有更多的现金视作一种特权，Opler 等人（1999）也提出，经理人偏好来自于现金持有所带来的自由裁量权，而不是以股利的形式分发给股东。

③ 他们发现，有效的公司治理结构能够促使经理人发放多余的现金给股东，抑制经理人储备现金或浪费资金的冲动，从而保护投资者的利益。相反地，低效的治理结构可能让自利的经理人积累过多的现金或者花费在价值有损的并购或不盈利的投资项目上。公司治理可以提高现金持有量的价值，但只能通过投融资决策对现金持有水平产生间接影响。

代理理论和前两种理论一样，研究公司投资机会与现金持有之间的关系。当公司投资机会较少时，持有较高水平的现金增加了经理人滥用资金的可能性，因为过量的现金会诱使经理人过度投资，因而损害了股东的利益（Easterbrook，1984；Jensen，1986；Dittmar et al.，2003）。而支付现金股利可以减少现金持有量以及过度投资的代理成本（Jesen，Solberg & Zorn，1992；Kalcheva & Lins，2007）。因此，现金持有水平应该在过度投资的代理成本期望值和有利可图投资项目的期望收益值之间进行权衡。从这一点来看，代理理论与权衡理论的观点一致。

相反，如果公司拥有大量的投资机会，现金就很有必要。对于这些公司而言，其成功更多来自于它们独特的商业创新，因此它们更愿意在研发活动中投入更多的资金，由此形成技术专利，并将创新成果向商业转化，进而在动态环境中保持竞争优势。Boyle 和 Guthrie（2003）指出对于潜在的投资机会，高额现金持有水平是必不可少的。没有足够的内部资金，外部融资成本较高的公司可能会丧失投资机会，降低公司价值和股东财富。为了避免这种情况，投资机会较多的公司必须持有更多的现金，尤其是当外部融资困难时。因此，不存在所谓的最优现金持有水平，现金持有量取决于投资机会所需要的资本量①。

此外，中小股东与大股东的利益冲突也进入了代理理论研究者的视角（Shleifer & Vishny，1997；La Porta et al.，2000；Faccio et al.，2001）。大股东利用高的持股比例控制上市公司，在现金持有决策中做出有利于自身的决策进而谋取私人利益。Guney 等人（2003）发现当拥有公司控制权时，大股东可能存在持有大量现金的强烈动机，他们可以通过控制更多资金数量来达到侵占公司资产的目的。

① 这一点与融资优序理论观点相一致。为了在这些投资机会中获取高收益，股东在公司治理能有效保护他们利益的前提下，将允许有着大量投资机会的公司持有高额现金，这时公司治理与现金持有水平正相关。

第二节　现金持有实证研究文献综述

根据现金持有理论，无论融资优序理论还是权衡理论都存在与现实差距很大的假设，因而对现金持有的很多问题无法完全预测和解释。为此，从 20 世纪 90 年代开始，以 Opler、Pinkowitz、Stulz、Williamson 和 Harford 等人为代表的西方学者对投资机会、现金流量风险、财务杠杆、信息不对称、代理成本、资本市场外部融资约束、削减股利或出售资产筹集资金的能力、现金替代物和公司治理等现金持有的影响因素进行了实证分析，从而为在不同环境下正确认识和预测公司现金持有决策提供了不同的研究视角和思路。

一、现金持有影响因素的实证研究

影响现金持有的因素有很多：从内部来看，投资机会、现金流量波动、企业规模、财务杠杆、股利支付、资产变现能力、业务多元化等公司财务特征，以及股权集中度、管理层持股比例、控制股东性质、董事会构成等公司治理特征对现金持有水平往往带来较大的影响；从外部来看，市场竞争、制度环境、宏观经济环境对现金持有水平的影响较大。

1. 公司财务特征与现金持有

John（1993）以 1980 年《财富》500 强企业于 1979~1981 年 223家公司为样本，运用多元线性回归分析，得出托宾 Q、研发支出 R&D、广告支出 ADV、破产哑变量 BR 与现金持有水平正相关；现金周转期、资产负债率、销售收入年均复合增长率、存货和固定资产比率、经营利润率与现金持有水平负相关。

Mulligan（1997）以 Compustat 数据库中的 1961~1992 年 1.2 万家

公司为样本，运用横截面分析和普通最小二乘法相结合的方法，发现与小规模企业相比，大规模企业持有相对于销售收入比例更低的现金，同时，无论是行业内部还是跨行业，其结论同样成立。

Kim 等人（1998）运用 Compustat 数据库中的 1975~1994 年 915 家美国工业公司的面板数据，构建了一个最优流动资产投资模型。该模型通过权衡当流动资产持有成本和外部融资成本高昂时满足未来有利可图投资机会所需资金的机会成本，预测出外部融资成本、未来现金流量的波动性、未来投资机会的回报率、M/B 比率与流动资产投资（现金持有）正相关，实物资产与流动资产的回报差异、企业规模与流动资产投资（现金持有）负相关。

Opler 等人（1999）检验了美国 1971~1994 年上市公司现金及有价证券持有量的决定因素，找到了支持静态权衡理论的证据，并发现有着良好成长机会、经营活动风险较高、企业规模较小的公司现金持有水平较高；而有着较好的资本市场通路（如企业规模较大和信用评价较高）的公司往往现金持有量较少。

Colquitt（1999）分析了 1993~1995 年美国保险公司现金持有水平的差异，他发现有着良好资本通路、杠杆比率较高和隶属集团成员的保险公司往往持有更少的现金；而现金流量波动较大、产品线较短的保险公司现金持有量较多。此外，他还发现投资机会与现金持有正相关的微弱证据。

Teruel 和 Solano（2008）分析了 1996~2001 年西班牙 860 家中小企业现金持有水平的影响因素，并使用动态面板证实了企业存在目标现金持有量。实证结果表明，银行债务、现金替代物与现金持有水平负相关，盈利能力与现金持有水平正相关。同时，他们也找到了企业成长机会、短期债务比率与杠杆比率对现金持有水平的微弱影响。

Duchin（2010）以美国上市公司为样本，通过多元线性回归分析，得出多元化经营公司现金持有水平明显低于非多元化经营公司的结论。他们认为其中原因在于多元化公司拥有更多的投资机会，如内部资本市场融资、资产销售机会更大以及代理成本更高。

胡国柳等人（2005）以 1998~2002 年的 79 家 B 股公司为样本，通过多元线性回归分析，得出流动资产比重越大、资产负债率越高、上市时间越长的公司现金持有量越少、企业规模越大、现金持有水平越高的经验结论；但成长机会、银行债务比率、债务期限结构、现金流量及其波动性、现金股利支付与现金持有水平无关或相关性不显著。

彭桃英等人（2006）以 1998~2000 年连续 3 年持有高额现金的 174 家 A 股公司为研究对象，通过 Logistic 回归分析法，发现企业规模越大、财务杠杆越小、盈利能力越强、投资机会越多、代理成本越低的公司现金持有水平越高。作者认为，与代理理论相比，权衡理论能更好地解释我国企业的现金持有水平。

程建伟等人（2007）以 2000~2005 年的 586 家非金融类 A 股公司为样本，采用逐步回归法进行了多元回归，结果表明资产负债率越高、投资支出越多、现金替代性资产越多的公司现金持有水平越低，而长期债务比重越大、股利支付越多的公司现金持有水平越高。现金流量、现金流量的不确定性、企业规模和财务实力指标在不同的成长性样本中要么没有进入回归方程，要么显著性互异。最终通过总的比较，他们认为融资优序理论得到了更多的实证结论支持。

2. 公司治理与现金持有

现代企业所有权和经营权的分离，使得公司治理问题日益受到学者们的关注。其中，股东和债权人之间的代理成本可能会影响到一个公司的现金持有。Myers 认为这些代理冲突增加了额外借贷的成本，从而导致公司放弃有利可图的投资机会。这种投资不足问题在财务杠杆较高的公司更为突出。为了避免这种债务的代理成本，经理人可能选择较低的债务水平或持有过量的流动资产①。

① Opler 等人（1999）也认为那些 M/B 比率更高的公司应该持有更多的现金，否则一旦它们的财务状况恶化，将产生更高的代理成本。与此观点相左的是，Stulz 认为与高 M/B 比率的公司相比，低 M/B 比率的公司代理问题更为严重。通过增加管理层持股比例，经理人与股东利益趋于一致，这可能会减少经理人自由裁量权的代理成本。

经理人自由裁量权的代理成本也可能影响一个公司的现金持有和投资决策。Jensen（1986）提出了一个自由现金流量假说：经理人基于自利会持有过量现金，以便他们能自由花费现金来追求自身利益。当经理人用现金投资项目时，可以免遭在外部融资时资本市场所施加的束缚，从而可以对一些资本市场不愿提供融资的项目进行投资。因此，经理人可能滥用自由现金流量，从而做出有损公司价值的收购行为①。

Pinkowitz 和 Williamson（2001）比较分析了日本、美国与德国公司的现金持有量，研究发现，尽管银行是日本公司融资的主要来源，但日本公司的现金持有量反而要高于美国和德国，究其原因是日本庞大的银行垄断势力为赚取利息或降低监督成本而鼓励公司持有巨大的现金余额。

Ozkan 和 Ozkan（2002）以英国上市公司为样本，侧重研究了管理层持股比例对现金持有水平的影响，他们发现两者之间是一种非线性关系。当管理层持股比例较低时（<24%），两者之间呈现负相关关系；当管理层持股比例进一步提高时，两者之间呈现正相关关系；而当管理层持股比例较高时（>64%），两者之间又呈现负相关关系。Mikkelson 和 Partch（2003）的研究则发现，在股权结构方面，持续性持有较高现金的公司与现金持有量适度的公司相比并没有什么差异。

Luo 和 Hachiya（2005）以日本公司为样本，研究发现，内部人持股与现金持有水平之间呈现非线性的关系；金融机构、法人、外国人持股比例与现金持有水平之间负相关。

Kalcheva 和 Lins（2007）用管理层控制权指标对 31 个国家 5000 多家公司现金持有的净成本和收益进行检验，研究发现，当管理层及

① Harford（1999）发现现金充裕的公司更有可能进行收购，其中以管理层持股比例来衡量代理问题存在程度的现金充裕公司从事了大部分的收购行为。与自由现金流量假说相一致，Harford 发现当发布收购公告时，股价会做出下跌的反应，并且随后公司的经营绩效会变差。然而，Opler 等人（1999）并没有发现经理人浪费现金在价值毁灭收购上的证据。另一种可能性是，现金充裕的公司可能是潜在的收购目标。Opler 等人（1999）认为流动性过剩的公司可能会吸引收购公司的注意，他们可能会使用目标公司的过量流动资金来筹集收购所需的资金。然而，Faleye（2004）认为公司持有超额流动性更可能是为了应对被收购的主动防御，随后它们的现金持有量会显著下降。

其家族在实质上控制公司时，公司往往持有较多的现金；管理层的有效控制与现金持有水平之间呈现正相关的关系，而当外部股东保护不力时，这一关系会得到进一步的加强。

Harford 等人（2008）以 1993~2004 年美国上市公司为样本，采用面板回归，通过研究发现，公司治理差的公司，现金持有水平要低于公司治理好的公司，表现为在公司现金储备较多时选择股份回购而不是增加股利以避免未来的支付承诺，同时增加资本支出和收购力度。他们对此给出的解释是经理人受股东控制程度较弱，往往选择尽可能快地将现金用于收购和资本支出而不是积聚起来。

Kusnadi（2011）以新加坡和马来西亚上市公司为样本，通过研究发现，治理效力越差的公司，其现金持有水平越高，经理人和中小股东的代理冲突使得经理人现金持有的自由裁量权更大。此外，持有过量现金对单一领导权结构、金字塔所有权结构和家族控股企业的公司价值带来负面影响。

辛宇等人（2006）以 1999~2003 年我国上市公司治理 100 佳为研究对象，采用多元线性回归分析法，研究公司治理机制对超额现金持有水平的影响。实证发现，上市公司微观治理机制与超额现金持有水平负相关，也就是现金持有量偏离正常持有水平的程度越低[①]。

杨兴全等人（2010）以 2002~2006 年沪深非金融上市公司为样本，借助固定效应模型，实证发现公司超额持有现金将产生过度投资行为，公司治理环境的改善将有助于抑制这种行为，但国有控股性质的公司治理效力较低。

3. 宏观环境与现金持有

（1）产品市场竞争。从战略的角度看，当公司产品市场竞争激烈时，投资不足将导致竞争优势减弱或丧失。因此，在动态的市场竞争格局下，保持高额的现金持有水平是保持竞争优势、有效反制竞争对手的

① 同时，他们发现，控股股东性质不同对超额现金持有水平存在着较为明显的影响差异，宏观治理环境对公司现金持有决策会产生显著影响。

一种有效战略[①]。但是，Ravi 和 Shaker（1999），Grullon 和 Michaely（2007）认为产品市场竞争可以有效缓解经理人和股东之间的代理问题，提高投资效率和降低代理成本。因此，产品市场竞争程度越高，现金持有水平反而越低。

（2）法律环境。La Porta、Lopez de Silanes、Shleifer 和 Vishny（2000）发现，在法律制度较为健全的国家，公司治理制度较为合理，资本市场透明度较高，对投资者和债权人的保护程度较高，对大股东和经理人的约束程度较强。因此，法律环境会对公司现金持有水平产生一定的影响。

Dittmar 等人（2003）基于 LLSV（1998）指标选取了 45 个国家 11 万多家公司为研究样本，实证分析股东权益保护与公司现金持有水平之间的关系。通过研究发现，投资者保护程度越弱的国家，公司代理成本越高，外部融资能力越受限，其现金持有水平越高[②]。张人骥和刘春江（2005）以 2000 年沪深两市 A 股公司为样本，通过实证研究发现，投资者受保护程度与公司现金持有呈现较为显著的负相关关系[③]。

相对于投资者受保护程度对现金持有的影响，债权人法律保护对现金持有的影响更大一些。强有力的破产制度会增加公司的财务风险，从而保护债权人的利益，因此，公司会持有较多的现金。Ferreira 和 Vilela（2004）以 1987~2000 年欧元区国家上市公司为样本，研究发现在那些债权人法律保护程度较高、执法质量较好的国家，其公司现金持有水平较高[④]。

---

① 参见 Hanshalter，2007；Nikonov，2009；杨兴全等，2009。

② 实证发现，与投资者保护程度较强的国家相比，投资者保护程度较弱的国家的公司现金持有量是前者的两倍。此外，投资机会、信息不对称等影响因素与现金持有水平的关系不再显著。

③ 然而，Huang、Elkinawy 和 Jain（2013）通过比较在美国从事 ADR（存托凭证）筹资的 1405 家公司与来自 39 个不同国家对应匹配公司的现金持有水平，发现 ADR 公司现金持有水平显著高于非交叉上市公司，他们把原因归结于这些公司从投资者保护程度较弱和会计准则较不完善的国家转到美国。此外，代表投资者保护最为严格的三级 ADR 公司与其他类型的 ADR 公司相比，其现金持有水平相对要高得多。因此，得出投资者受保护程度与公司现金持有水平呈正相关关系的结论。

④ 与此观点相反的是，La Porta 等人（1997）认为债权人法律保护更为严格的国家往往有着更为发达的资本市场。因此，事实上这些国家的公司因具有良好的资本通路和存在较少的自由现金流代理问题而持有更少的现金。

此外，税收政策也会影响公司的现金持有水平。如果公司持有较多的现金而不用于偿还债务或股份回购，当公司税率提高时，其现金持有的机会成本将增加（Opler et al.，1999）[①]。在此背景下，高税率相当于高的债务税遁效应及高现金持有和低负债的机会成本。

（3）宏观经济环境与现金持有。Almeida、Campello 和 Weisbach（2004）分析了宏观经济波动对公司现金持有的影响。他们发现，在经济衰退阶段，融资约束公司会从当期下滑的现金流中保留部分现金用于未来的投资；而融资未约束的公司其现金持有水平没有受到影响，说明宏观经济的不确定性对融资约束公司的现金持有水平产生更大的影响[②]。

Baum 等人（2008）研究了宏观经济不确定性对非金融公司现金持有水平的影响。他们运用系统 GMM 估计法对美国非金融公司在 1993~2002 年的季度面板数据进行了研究。发现宏观经济的不确定性确实对公司现金持有水平产生了显著的正影响，当不确定性增强时，公司变得更加谨慎并提高它们的流动性比率。

祝继高和陆正飞（2009）采用货币政策指数，分析了货币政策与现金持有水平之间的关系。研究发现，货币政策紧缩程度的变化会使得公司增加或减少现金持有。当政策趋于从紧时，公司面临较强的融资约束，相应地会提高现金持有的水平；而政策趋于宽松时，公司面临较弱的融资约束，会相应地减少现金持有量[③]。

Chang 和 Noorbakhsh（2009）从国家文化的角度研究了其对公司经理人现金持有水平的影响，他们运用 Hofstede 的文化维度指数，发现在人们更倾向于规避不确定性，文化上偏男性化并有长期倾向的国

① 因为税收制度的原因，公司现金持有存在税收劣势，会对股东利益产生负面效应，见第七章第一节。

② 与此相一致的是，Custodio 和 Raposo（2004）通过对美国非金融公司 1971~2002 年的数据分析发现，经济萧条对融资约束公司的现金持有水平产生了显著的影响。

③ 对本书研究主题具有启发意义的是，他们发现对于高成长性企业而言，为了避免货币政策趋紧带来的融资约束，主要通过经营活动来持有更多现金以满足未来投资需求；而低成长性企业则主要采取筹资活动来增加现金持有水平。

家，其公司持有更多的现金和流动资产。

二、现金持有动态调整的实证研究

近些年来，现金持有动态调整行为已成为公司财务领域的一个研究热点。从已有研究来看，西方许多学者已经从实证研究的角度论证了企业存在最优或合理的目标现金持有水平，但并不是一个固定的比例，而是处于一个不断变化的现金持有比例范围。企业基于内外部条件的变化，会不断地进行着现金持有的动态调整。

Opler 等人（1999）以 1950~1994 年 Compustat 数据库中拥有连续 5 年以上现金持有数据的美国公司为样本，构建了一个公司实际现金持有量与目标现金持有量之间的调整模型。借助一阶自回归方法，发现模型回归系数为负值，表明公司现金持有余额不会升高或降低太多，而是围绕某一目标值或均值上下波动，进而发现公司存在目标现金持有水平的支持性证据，开创了现金持有动态调整研究的先河。

Ozkan A.和 Ozkan N.（2002）以 1984~1999 年英国上市公司为样本，借助动态面板数据，克服了 Opler 模型静态目标值的缺陷，考虑了公司的异质性、内生性和测量误差，构建了公司目标现金持有动态调整模型。研究结果表明，公司现金持有量会进行调整，但由于调整是有成本的，公司只能将现金持有部分调整至目标水平。

Guney 等人（2003）研究了 1983~2000 年超过 3989 家英国、法国、德国、日本企业的现金持有水平。他们发现，尽管不同国家间公司现金持有水平调整速度不一，但都具有调整至目标水平的倾向①。

Venkiteshwaran（2011）以 1987~2007 年美国制造公司所组成的大面板数据为研究对象，来检验公司现金持有量是否会朝着最优现金持有量方向集聚。研究发现，现金持有过量的公司会较持有不足公司的一直持有高额现金，企业规模越小的公司往往持有更多现金，并且比

① 此外，Seungjin 等人（2007）、Teruel 和 Solano（2004）进行的相关研究也发现了类似的经验证据。

大公司纠正现金持有偏差的速度更快，现金持有水平不足的融资约束公司其运营成本更高。

那么，考虑到我国上市公司所面临的特殊外部环境，最优目标现金持有水平是否存在？其现金持有水平的变动是否也呈现为部分调整或持续调整的特征？现金持有水平的动态调整速度与其他国家有何不同？

在这方面，国内也有少数学者在借鉴西方现金持有动态调整模型的基础上，利用我国上市公司的面板数据，对我国企业现金持有动态调整问题进行了初步的研究，估算出我国企业现金持有的调整速度，并深入探讨了影响我国企业现金持有调整速度的具体影响因素。

连玉君和苏治（2008）首次从动态角度，以 1998~2006 年 448 家 A 股上市公司为研究对象，结果发现，我国上市公司存在目标现金持有水平，进一步分析得出企业在实际现金持有发生偏离后会积极地进行调整，并且这种调整行为存在区间效应和非对称特征[①]。

张名誉和李志军（2011）从宏观经济环境角度，研究了其对企业现金持有调整速度和方式的影响[②]。钟海燕和冉茂盛（2013）从产品市场竞争角度，研究了其对企业现金持有调整速度的影响，发现企业产品市场竞争变化越快，现金持有水平调整也越快。进一步研究发现，在非国有企业和高成长性企业，产品市场竞争的动态变化与现金持有调整速度之间的上述关系更为显著。

三、现金持有经济后果的实证研究

Luo 和 Hachiya（2005）以在东京证交所上市的日本公司为研究样本，检验了公司治理因素对现金持有的作用以及现金持有对公司价值

① 连玉君等（2010）进一步从融资约束这一企业特征角度，研究了其对企业现金持有调整速度的影响，发现对于融资约束较强的企业，现金持有调整速度明显快于非融资约束企业。

② 他们发现在正常状况下，企业现金持有的调整速度一般较快，调整路径往往是银行贷款与经营性现金流量；而当企业受到外部金融危机冲击时，企业现金持有的调整速度一般较慢，调整路径主要是银行融资性资金。

的影响。他们发现，银企关系与管理层持股对于现金持有会产生显著的作用。从研究结果看，外国投资者偏向于选择高盈利的公司投资，这些公司的现金持有水平更高。同时还发现，现金持有会产生代理问题，并对公司价值有不利影响①。

批评者认为，保守的财务政策是为管理层利益服务的，而非股东利益。为验证这种观点，Mikkelson 和 Partch（2003）对持续五年持有现金和现金等价物占企业总资产超过 25%的公司的经营绩效和其他特征进行检验。在其后五年中，相对于规模与行业配对的公司来说，现金持有高的公司的经营绩效基本相当或者更高。此外，关于管理层激励问题的代理变量，譬如董事会特征与股权结构，并无特殊之处，也不能用于解释现金持有高的公司的经营绩效差别②。

一般而言，股东基本按现金账面价值来对每一元现金进行估值，Pinkowitz 和 Willialnson（2004）对公司持有现金的市场价值进行测算，却发现事实并非完全如此，投资机会、财务困境概率与资本市场通路这些因素都会对现金的市场价值产生影响。拥有更好投资机会的公司对于投资机会差的公司的现金存在溢价。此外，投资机会稳定与财务困境发生概率大的公司的现金市场价值较低。从资本市场融资容易的公司也会降低其现金市场价值。实质上，公司投资与筹资机会等因素会使股东对公司持有现金的估价产生重要影响。

Schwetzler 和 Reimund（2004）运用多元回归模型进行检验，并通过对于德国 CDAX 交易所上市的 547 家非金融公司与 5126 家公司的年观测值的样本进行研究，他们发现，持续地持有过多现金会导致业绩较差，但样本公司对行业现金与销售收入比值的正偏差会产生正的估值效应，而负偏差会产生负的估值效应。因而，代理成本的存在也得

① 这种影响体现在公司内部人会与大股东合谋持有过量的现金来侵占小股东的利益，当公司与银行关系密切时现金持有会引发更为严重的代理冲突。而当外国投资者持股比例上升时，现金持有对公司价值的负面影响会降低，而这是由于外国投资者监督积极性的提高所致。

② 他们对此给出的解释是，高现金持有通常用于高投资，特别在研发方面，以及公司资产规模的更快增长。对持续高额现金持有的公司来说，这样既能支持公司投资，又不损害公司绩效。

到了部分证明。

Faulkender 和 Wang（2006）就公司财务政策对现金价值的影响进行研究，通过理论分析发现，需求程度不同的公司所面临的融资约束程度也不相同，财务政策会影响现金价值。通过对上市公司股票年度超额回报的检验，他们发现，提高现金持有水平、加大财务杠杆比例、资本市场通路更顺畅时，现金的边际价值会发生下降。同样，如果公司采用现金股利发放而不是股票回购的方式，也会使得现金边际价值下降。

代理理论预测，对于投资者保护弱的国家，由于控股股东有较强的能力通过增加公司现金持有获取更大的私利，因而公司持有现金价值会较低。Pinkowitz 等人（2006）运用 Fama 和 French（1998）的价值回归模型，发现在投资者保护弱的国家，现金持有与公司价值的相关性程度较弱。而在投资者保护强的国家，现金股利与公司价值的相关性程度比其他国家相对更弱，这进一步为代理理论提供了支持。

Dittmar 和 Mahrt-Smith（2007）研究公司治理对公司价值是否存在影响，将治理好与治理差的公司的现金价值与使用情况进行了比较。研究发现，公司治理对公司价值会产生显著的影响①。此外，治理差的公司会很快将持有现金浪费在对公司经营绩效产生明显负影响的项目上。而治理好的公司会遏制这种大额现金持有，减少未来经营绩效的问题产生。他们发现，公司治理对公司使用现金与投资者对现金定价会产生明确的影响，但公司治理对现金持有水平并没有非常明确和持续一致的影响。

国内学者主要以我国上市公司为研究样本，对现金持有的价值效应进行了研究。

陈雪峰和翁君奕（2002）以 1999 年配股实施的公司为样本，对我国配股公司的现金持有水平进行了研究，他们发现，配股当年经营业绩与前一年相比明显下降，现金投入使用当年的经营业绩相较于前一

① 经过测算，他们发现对于治理差的公司，1 美元的现金价值在 0.42 到 0.88 美元之间，而对于治理好的公司，现金的市场价值大约是治理差的公司的两倍。

年无显著变化，但现金投入使用下一年的经营业绩又明显下降；而且通过横向对比，发现现金充裕的公司的现金持有量越大，其业绩则越差，所以认为存在配股公司的管理者滥用配股资金的行为，这和自由现金流的代理成本假说相符。

姜宝强和毕晓方（2006）以1998~2004年的中国上市公司为样本，对上市公司的超额现金和企业价值及绩效之间的关系进行了研究，结果发现，因代理成本高低的差异，超额现金持有和企业价值的关系会存在不同的结果。若代理成本较高，超额现金持有和企业价值之间呈负相关；若代理成本较低，超额现金持有和企业价值之间呈正相关；若现金持有量未超出正常值，则其与企业价值之间的相关性不显著。类似地，超额现金持有和企业绩效的关系也与此基本相同①。

顾乃康和孙进军（2006）对我国上市公司的现金市场价值进行检验，研究结果发现：我国上市公司的现金价值存在折价，其所持现金的边际价值仅为0.5~0.6元，此外，当持有较少的现金，或较低的财务杠杆，或面临融资约束，或拥有较高的成长机会的公司继续增持现金时，公司股东会给增持的额外现金较高的价值评价，同样，非国有控股企业所持有的额外现金的价值也会更高。

杨兴全和张照南等人（2008）以2001~2006年上市公司为样本，借鉴Fama和French（1998）企业价值回归模型，研究发现我国上市公司现金持有价值小于账面价值，股权性质影响现金持有价值，国有股权性质对现金持有价值具有降低作用。

曹森（2012）以1998~2011年A股上市公司非平衡面板数据为研究对象，采用两阶段回归方法，引入交叉上市虚拟变量，从治理环境角度研究上市公司超额现金持有价值。比较发现，超额现金持有的折价现象在我国上市公司普遍存在，而交叉上市能够降低超额现金持有的折价程度。

① 但是，超额现金持有和企业绩效之间的因果关系，到底是谁受谁影响，作者认为皆有可能，还需进一步的研究探讨。

本章小结

本章首先回顾和总结了现金持有研究的三大理论基础。其中，权衡理论和融资优序理论都是以股东财富最大化为假设前提，主要关注公司层面的财务特征因素；代理理论则引入了现金持有的公司治理因素。此外，从现金持有的影响因素（财务特征、公司治理、宏观环境）、动态调整和经济后果三方面对国内外实证研究文献进行了较为详尽的梳理和综述。通过比较可以发现，国外学者的研究文献相对较为丰富，无论是研究样本的容量（样本大小和时间跨度）与国别范围（发达国家和转型国家），还是研究方法以及研究角度，都要更为全面和深入。相反，国内关于现金持有影响因素的实证研究较少，而是更多地关注公司治理结构对现金持有水平的影响，关注现金持有动态调整和经济后果的文献则少有涉及。此外，从目前的研究结论来看，影响公司现金持有的哪种因素更为重要还不得而知；哪种理论解释更符合公司实际也难有定论。基于此，本书试图从企业成长性视角出发，检验现金持有的影响因素、动态调整行为和经济后果，并找出相应的经验证据以寻求理论支持。

第三章　上市公司成长性判定分析

第一节　企业成长性评价综述

一、企业成长性评价的理论基础

企业成长一直是许多研究人员的研究领域。有关中小企业的文献研究表明，所有中小企业都会经历不同的成长阶段，一般也称为生命周期①。有众多因素会导致一个企业的成功，也有许多前兆使得企业从一个阶段到另一个阶段。企业的历史、企业家的特点、不同的机构（如市场、政府等）和地理位置等因素会影响企业的成长。目前，研究者提出的有关企业成长理论有两种较为主流：一些学者认为企业成长路径是线性的或可预测的，另一些学者则认为成长是非常随机的或不可预测的②。成长性公司对一个国家的经济增长有着重大贡献，但是成长的概念对不同的企业家有着不同的理解。企业成长性可以被定义为

① 虽然研究者对每个成长阶段所用的术语不同，但每个企业所经历的事件仍或多或少相同。大多数研究者认为，每个企业都有成长初期，此后在成长中面临各种挑战和危机，最后成熟和衰落。

② 确定性方法假设公司成长速度的差异取决于可观察到的行业和公司特有的特征。例如，Hannan 和 Freeman（1977），Dess 和 Beard（1984），以及 Davidsson 和 Delmar（2006）认为环境因素决定了一个公司的成长；Baum 和 Locke（2004）则认为内部因素是公司成长的主要触发器。Sutton 和 Santarelli 等人（2006）则认为成长速度和企业规模无关。他们认为在没有利润、规模和市场势力事前差异的情况下，成长速度是随机分布的，它与企业当前规模和过去发展历史不相关联。

收入的增长、价值的增加和企业实体的扩张，也可以用定性指标如市场地位、产品质量和消费者福利等测度。而在研究公司成长时，也有必要理解“企业”的概念。对企业成长的理解取决于企业的定义是什么、成长有多少、提供了什么给市场、它控制了什么资产和它的法律形式。

研究一个企业如何管理其成长转型和遵循何种成长模式至关重要。研究企业成长使用最广泛的框架为生命周期分析。在生命周期模型中，一个企业的成长被认为是有机的，并且这种成长每隔一段时间在一个线性周期发生。然而，很多研究表明，每个企业的情况很可能有所不同[①]。

从目前来看，有关企业成长路径的研究主要有以下几种：

Penrose（1959）认为，企业是内部资源和外部资源的集合体，这些资源有助于企业实现竞争优势。更进一步讲，从长远来看，企业规模可以无限增长，但企业成长是有限的。企业的成长由经验丰富的管理者制定和执行计划的速度所决定。她进一步解释说，企业外部环境是企业家头脑中的一幅图像。企业活动是由内外部环境动态交互作用而产生的生产机会所支配。这种交互作用包括企业家可以看到的和可以利用的所有生产可能性[②]。

Greiner（1972）为企业成长理论做了很多基础性工作。基于他的有关成长性企业的理论观点而得出的结论是，企业会经历五个不同的成长阶段。每个阶段都包含一个相对平稳的成长期，然后以管理危机结束。这五个阶段和成长危机分别是创造、指令、授权、协调和协作[③]。

在该领域另一位杰出贡献者是 Adizes。Adizes（1979）认为，经理人的态度和风格对企业生命和效率有很大影响。同时他也指出，强化

① 例如，很多企业没有采取线性路径，因为这些企业不可能都要经历每个阶段。它们可能按任意顺序成长、停滞不前和衰退。此外，这些情况可能不止发生一次，有可能重复之前的步骤。

② Penrose 认为，企业成长通常是自然和正常的，每当条件有利时，这一过程就会发生。企业规模是成长过程中的偶然结果，企业是一个提供管理协调和权威沟通的连贯行政单位。同时，企业的成长受到管理资源范围的限制，尤其是协调能力和引入新人进入企业能力的限制。

③ Greiner 认为企业会经历演变和变革的危机。这些危机可以通过引入新的公司结构和计划来化解，这些结构和计划也有助于员工使企业重焕生机。Greiner 的演变和变革现象成为许多企业生命周期研究的基础。

技能、自我承诺、风险承受能力、远景和管理精通在企业成长的前几个阶段是必要的。一旦企业达到其初期阶段，经理人需要以结果为导向，应该展现正确的计划和协调能力。在成熟阶段，企业应该得到系统支持以实现目标①。

将 Greiner 的这些发现应用到小型创业企业中，Churchill 和 Lewis (1983) 构建了一个模型。按照他们的定义，一个企业包含五个成长阶段：

（1）第一个阶段是生存这一创业风险阶段。在这个阶段，企业在没有现成的适合组织架构下努力建立其流程和工作。企业所有者密切监督企业所有业务活动。

（2）在第二个阶段，即生存、业务增长阶段。这时的企业家认为有必要筹集额外资金扩大业务。随着企业业务的增长，他/她愿意引入家庭成员或熟悉人员作为合作伙伴来扩充企业。企业的主要目的是要达到盈亏平衡点，以便拥有足够的现金流满足日常的维修和替换需要。

（3）在获得成功的第三阶段，企业开始盈利。他们有足够的资本投入未来的商业机会或继续原有的成长步伐。在这个阶段，企业可能开始从事团队建设和人力开发，将其作为他们的一些重点领域；但是，这些行动是由企业家个人价值观和愿景所驱动的。

（4）在第四阶段，即起飞阶段，企业的重点是进一步发展、扩张和寻求新的机会。组织在本质上变得更为正式，工作职责被正确地定义和委托。

（5）在第五阶段，即资源成熟阶段，企业不再是所谓的小型企业，企业更多地强调质量控制、财务控制和创建一个利基市场。

Bridge 等人 (2003) 认为，没有必要对企业成长进行离散和清晰边界的阶段划分。他们进一步强调，“把成长阶段划分为几个阶段就像把可见光谱划分为几种颜色”。作者认为，企业大致的成长阶段虽然可

① 以 Aidizs 为代表的生命周期理论将企业成长过程形象地描述为孕育期、婴儿期、学步期、青春期、盛年期和稳定期六个阶段，并从 P（执行）、A（行政）、E（创新）、I（整合）这四大功能在各成长阶段所呈现的大小进行企业诊断。

以被描述，但很难说企业何时从一个阶段转移到另一个阶段。企业不一定遵循线性模型，不一定要经历每个成长阶段。它们可以按任意顺序成长、停滞和衰落；同时，这些事情可能发生不止一次，有可能会重复之前的步骤①。

Levie 和 Lichtenstein（2010）认为，企业成长阶段模型和生命周期理论并没有为企业成长和发展提供足够的证据。他们通过对过去 40 年的文献回顾，发现这些研究在企业成长阶段的定义方面并没有一致看法。此外，他们指出之前的研究对企业成长从一个阶段到另一个阶段的转变路径和原因缺乏充分的证据②。他们提出了一个新的动态阶段理论，该理论认为，企业不同于有机体，它们的成长是借助于内外部环境转变而共同产生的。动态状态使企业能保持灵活和适应不断变化的环境得以生存和维持。作者强调了可持续成长方法的重要性，而不是成长基于哪几个阶段③。

Chaston（2010）认为，在企业生命周期概念下，一个新的鸿沟必须在下一成长阶段开始之前被跨越。这五个鸿沟分别是开发能力、扩张、组织规范化、继承和长期成长。穿越每一个鸿沟需要企业家获得新的技能，划分组织中管理任务的优先顺序。作者进一步认为一些企业家可能需要更多的时间从一个鸿沟转移到另一个鸿沟，而对另一些企业家来说，它可能是一个快速的过程④。

---

① 他进一步指出，一个组织的成长是许多不相关联的努力的结果。就像 Blundel 和 Hingley（2001）所指出的那样，成长可能很快实现、慢慢实现，或者毫无进展。这取决于一个企业成长意愿和促进成长因素的强烈程度。因此，不可能把企业成长视为一个标准或一致的进程。

② Leitch 等人（2010）也认为有必要理解企业成长现象及对这一现象进行概念化的重要性，研究者们普遍缺乏对成长原因、影响和过程的共识。他们认为有关成长至少在某种程度上有三个问题被提及：为何、如何以及多少。

③ 尽管作者强烈推荐动态阶段理论的作用，但他们认为有必要进行一个实证研究，从而找出什么使得动态状态可持续、何时何地动态状态会改变，以及哪些相关变量对这一过程重要等。

④ 他们进一步研究发现，金融支持、不可行的新技术手段可能是无法跨越第一个鸿沟的原因（Dunn & Cheatham，1993）。为了能够跨越第二个鸿沟，企业家应该能够产生需求和增加销售。而跨越第三个鸿沟，企业需要扩大产能，需要有适当的供应与需求相匹配。未能运用专业人力来构建一个正式的组织结构将会为跨越第四个鸿沟带来挑战。一个建立完好的企业需要一个称职的继任者。企业家可以决定任命一个内部人或者从公司外面引入一个新的首席执行官。创始人的低效更替可能会导致企业跨越第五个鸿沟失败（Ip & Jacobs，2006）。

总而言之，有两个关于企业成长的理论框架：

可预见的框架定义企业成长路径可以是线性的、连续的、确定性的和无变化的[①]。在定义企业成长路径方面有着不同的想法，从预测的角度，企业经历生存、成功、腾飞、成熟、再造或死亡（Churchill & Lewis，1983；Casson，1982）。企业竞争力从启动阶段到成熟阶段不断增加。在下降阶段，企业的竞争力减弱并显露出企业一旦不提升自身就将下降的迹象。Chen 等人（2008）认为企业在不同的生命周期阶段应重点加强相应的能力。

另一种框架认为在企业成长路径中可能有突然的改变，特别是在小型企业。最近的研究表明，由于不可预测的干扰因素，如知识和技术、吸收能力、创始人的判断恰当性和竞争环境，小企业成长阶段的顺序可能是错杂的。Phelps 等人（2007）、Aislabie（1992）、Levie 和 Hay（1998）、Rutherford 等人（2003），以及 Stubbart 和 Smalley（1999）认为生命周期模型和成长的确定性路径与组织不相关。他们指出，描述一个企业成长经历一系列阶段等同于把一个组织成长假定为有机体。Majumdar（2008）认为，企业成长取决于企业家的远见和立足点。他进一步认为，企业家不仅维持企业现状，也促进企业成长。

企业成长取决于企业家的远见和动机。成长系数因企业家不同而不同。企业运营所处的环境（如社会环境、正式或非正式的组织结构、国家的起源及文化和家庭等）对企业的成长有着不同的影响。Quinn 和 Cameron（1983），Phelps 等人（2007）以及 Levie 和 Lichtenstein（2010）所构建的模型对这些影响企业成长的共同命题提供了证据。然而，这些研究缺乏整合，他们从中未能得出任何结论。

Davidsson 和 Wiklund（2000）认为商业环境可以通过四个理论框架感知。首先，当企业焦点集中于其资源，如业务活动扩张、财务资源、受过教育的员工等时，其成长可以从资源的角度加以研究。其次，

① Churchill & Lewis，1983；Greiner，1972；Adizes，1979；Kimberly，1979；Hanks et al.，1993.

从战略适应的角度进行企业成长的研究会更加关注权力分配、组织架构的复杂性和控制机制。再次，第三种企业成长理论视角是激励，聚焦于个体和他们的行为。最后，配置视角专注于企业成长过程中管理问题的处理，以及在不同的成长阶段如何被处理。

Ardishvili 等人（1998）将成长实证研究分为成长因素分析和成长过程分析。影响企业成长的环境因素大致可以分为两类，即内部因素和外部因素（ICFAI，2001）。内部因素是指那些可控的因素，包括企业的员工，企业的战略，企业的运营、营销、财务和技术能力等。外部因素是指超出了企业控制的因素，包括经济、社会文化、监管和法律、政治、金融、贸易、技术、人口特征及地理位置因素等。

二、国外有关企业成长性评价的实证研究

国外有关企业成长性评价的实证文献有很多。通过文献梳理，可以把成长性看成一种多维现象，这种现象可以通过特定理论采用不同的变量来测度（Delmar et al.，2003）。多个指标的应用或最佳指标的选择一直是诸多文献讨论的主题之一。尽管有些专家如 Davidsson（1991）和 Delmar（1997）提出多个指标方法，但更多的专家认为采用一个和基本理论相对应的复合指标更为合适[①]。针对第二种方法，Ardishvili 等人（1998）在深入文献分析的基础上提出了一系列最常用指标：市场价值、雇员数量、销售收入、产值或附加值等。但一般的共识是使用销售数据作为首要指标[②]。

自从 Gibrat（1931）提出吉布莱特法则，关于成长性影响因素的文献大大增加。从那时起，对公司成长这一主题的理论研究被分为两大分支：确定性的和随机性的（Oliveira & Fortunato，2006）。

确定性方法假设公司成长速度的差异取决于可观察到的行业和公司特有的特征，有两个不同视角强调成长性的决定因素：一方面，

① 参见 Hoy 等，1992；Weinzimmer 等，1998；等等。

② 参见 Flamholtz，1986；Hoy 等，1992；Barkham 等，1996；Ardishvili 等，1998；等等。

Hannan 和 Freeman（1977），Dess 和 Beard（1984）以及 Davidsson 和 Delmar（2006）认为环境而不是内部因素决定了一个公司的成长；另一方面，Baum 和 Locke（2004）则认为内部因素是主要的“成长触发器”。

与确定性方法不同的是，基于吉布莱特法则的随机性方法认为，成长速度和企业规模无关。他们认为，在没有利润、规模和市场势力事前差异的情况下，成长速度是随机分布的，它与企业当前规模和过去发展历史不相关联。因此，根据吉布莱特法则，企业规模（通常用销售收入衡量）近似对数正态分布，而且其有效性已经被诸多学者证实，如 Sutton（1997）和 Santarelli 等人（2006）所做的文献研究。

Kaplan 和 Norton 等人（1992）提出了平衡计分卡（Balanced Score Card，简称 BSC）绩效评价工具。他们认为，企业应该从学习和成长、业务流程、客户以及财务四个角度来评价企业的长期成长绩效。这种绩效评价方法将财务指标和非财务指标、长期目标和短期目标、结果和过程、内部和外部，以及管理业绩和经营业绩进行有效衔接和平衡，突出了企业整体成长性的综合评价①。

在大量文献研究的基础上，Ardishvili 等人（1998）和 Delmar（1997）认为，可以从企业资产、员工人数、市场份额、产值、利润和销售收入等指标来衡量企业的成长性。其中，销售收入在企业成长性评价中更具有代表性。

Canals（2000）认为企业成长不存在固定模式，它随着环境的改变而不断动态调整。他在 Penrose 基于资源的成长理论基础上，强调了企业内外部环境、对企业概念的理解、企业资源和能力以及企业的成长战略对企业成长的重要作用，并由此构建出企业成长综合评价模型②。

Erkki K. Laitinen（2002）以芬兰 93 家高新技术企业为样本，设计了一套动态业绩评价体系来对企业成长性做出评价。该体系由财务状

① 在实际应用过程中，由于非财务指标往往难以获取和量化，因此该方法存在指标体系较难建立、主观性较强和难以具体操作等缺陷。

② 该模型认为公司的成长分别由公司的外部环境、内部环境、商业理念、公司的资源和能力以及公司关于成长的战略决策和选择这五个因素所影响。

况及企业竞争力两类外部指标和产品成本、生产要素、作业、产品和收入五类内部指标所组成。

Benoit Gailly 等人（2004）在 Delmar 和 Davidsson（1998）对高成长性公司研究的基础上，以 1992~2002 年比利时 15 万家企业为样本，筛选出成长年限少于 10 年的 741 家微型企业，运用主成分分析法分析其成长轨迹，由此建立了一个指标体系更为多样化的企业成长评价系统。

三、国内有关企业成长性评价的实证研究

国内学者对企业成长性评价的理论研究，大致从 20 世纪 90 年代中期开始，主要围绕两条主线进行：一是从财务和非财务指标的角度来评价企业的成长性；二是从企业内部管理的角度，对企业尤其是中小企业进行成长性评价。

张炳坤（1998）根据企业成长性的特征和影响因素，选取了净资产收益增长率、主营利润比例、主营收入与主营利润增长同步率、资本保值增值率、利润保留率等主要财务指标来对企业成长性进行综合评价。

惠恩才（1998）分析了影响上市公司成长性的内在因素和外在因素，从盈利水平、利润相对额、利润总额、主营业务收入、利润增长率与市盈率之比对上市公司的财务状况进行了比较，对上市公司的成长性进行了评价。

吴世农等人（1999）在总结国外研究成果的基础上，以沪深两市 200 家 A 股上市公司 1996 年的有关财务数据为样本，从资产周转率、销售毛利率、负债比率、主营业务收入增长率和成本费用率为综合反映成长性的区分变量，应用统计学上的费希尔二类线性判定方法，构建了估算上市公司成长性的判定模型。研究结果表明明显误判率为 4%，说明该模型较好地判定或预测了上市公司的成长性。

范柏乃和沈荣芳等人（2001）在以往风险企业成长性评价研究结

果基础上，对国内30家风险投资公司和60家风险企业进行了问卷测量，在信度和效度分析基础上，运用主成分分析法进行了因素分析，得出了包括管理层素质、员工素质、产品技术特性和市场销售能力因素的风险企业成长性分层递阶评价指标体系。

侯合银和王浣尘（2003）运用模糊逻辑给出的可持续发展能力评价模型对高新技术创业企业进行了实证研究，认为企业家因素、产品链因素、企业能力因素和宏观环境因素对高新技术创业企业的整体可持续发展能力具有主要意义。

朱和平（2004）根据在我国中小企业板块上市的中小高科技企业和高成长性企业的特点，根据财务潜力、人力资本力量、市场和公共关系能力、技术与创新能力四大类20项指标构建了一套多层次复合成长性评价模型；并以香港创业板市场20家从事软件开发和经营的上市公司为样本，运用AHP方法交叉实证分析，从而检验指标和模型；评价结果与样本企业的成长性表现比较相符，表明该模型可以较好地评价高科技企业和高成长性企业的成长潜力。

李延喜和巴雪冰等人（2006）以2004年沪深两市1096家上市公司为研究样本，建立包括盈利能力、运营能力、偿债能力、股东报酬和发展潜力五个方面16个指标的成长性综合评价指标体系，运用SPSS统计软件进行因子分析，提取七个反映企业成长性的公因子，建立企业成长性综合评价模型。最后，他们以EVA是否大于0进行分组，对分组样本进行了t检验，证实了评价模型的实际应用价值。

赖国毅（2007）以上证180指数和深证50指数成分股上市公司作为研究样本，选取宏观经济、行业特征、企业财务特征及公司治理等方面因素共21个指标，应用STATA统计软件进行因子分析，提取出行业特性因子、宏观经济因子、资本结构因子、惯性因子、股权结构因子、规模因子和股利政策因子七个主要成分因子，构建出上市公司成长性的预测模型。

鲍新中和李晓非（2010）以21家高科技上市公司1998~2007年

10年的时序数据为样本，运用突变级数法构造了样本公司的成长性系数，对行业成长性特征进行了实证分析。

于旭和贺璐等人（2012）以沪市21家建筑业上市公司2008~2010年的数据为研究样本，通过构建一种基于α法的企业成长性评价模型，分别运用突变级数法和灰色关联度分析法对成长性进行评价，得到成长性综合评分。他们认为这种方法能对企业成长性做出合理和客观评价，具有较强的实际应用价值。

综上所述，关于企业成长性评价的研究很多，但大多是根据自己的研究偏好和视角，从不同方面构建评价模型。总体来说，缺乏较为权威和广为认同的评价方法和评价体系，使得企业成长概念、成长性的评价及度量显得更为复杂。

四、企业成长性评价指标和方法评述

企业成长性评价离不开评价指标和方法的选择，如何选择科学与合理的评价指标和方法，影响到企业成长性判定结果的准确性。从前文可以看出，测度企业成长的指标体系和评价方法多种多样，各不相同。评价指标呈现分散和细化的特点，一般来说，国内外学者多用销售收入、雇员数量、盈利能力、市场份额等指标（如Gilbert et al.，2006；Shepherd & Wiklund，2009）。夏清华（2010）所做的有关统计结果显示，超过90%的企业成长实证文献用到了财务数据作为评价指标，而62%和56%的文献分别用到了雇员人数和市场份额作为评价指标①。

作者认为，在企业成长性评价指标的选取时，应坚持以下原则：一是可操作性。影响企业成长的因素有些是可以量化、容易获取的，有些则难以量化或收集、统计困难。因此，在指标选取时应保证可以量化、标准统一、真实可靠、获取容易。基于我国国情及企业信息披

① 除此之外，42%的文献用到了管理能力、雇员素质，30%的文献用到了创新能力，17%的文献用到了成长战略（如多元化、国际化等）作为企业成长性评价指标，此外有40%的指标用到了成长方向、价值增长等其他指标。

露现状，显性和外在的财务数据较容易成为评价指标。二是系统性。影响企业成长性的因素有很多，很难用一两个指标来全面和整体反映企业的成长过程及结果，而且各指标间可能存在重复、相互关联甚至互斥的可能，很难构建一套完备科学的评价指标体系。因此，要从系统性的角度出发，抓住重点，分清主次，构建一个较为完备或相对完备的评价指标体系。三是动态性。企业成长是一个由小到大、由弱到强的渐进发展动态过程。仅从静态指标来分析其成长结果是不够的，还必须从发展的角度来设置动态指标，反映企业的成长过程、发展趋势和内在成长潜力。四是有效性。在不同的外部环境下，影响企业成长的因素具有变动性和不确定性，如何在不同的时间节点找出与企业成长轨迹相吻合的影响因素，需要不断甄别和筛选。

关于企业成长性评价方法，近年来，出现了很多非线性和演化的新兴研究方法，如层次分析法、网络分析法、因子分析法、突变级数法、灰色关联度分析法、模糊综合评判法等多种方法被引入企业成长性评价中。本书尝试从数据来源、定性或定量分析、计算复杂程度及是否存在主观判断等方面对几种常用的评价方法进行了比较分析，如表 3-1 所示①。

表 3-1　企业成长性评价方法的比较

评价方法	数据来源	定性/定量	计算复杂程度	主观判断	适用条件
层次分析法	财务数据及专家打分	定性和定量	较复杂	需要（很强）	适用于多目标、多准则决策且缺乏足够数据
网络分析法	财务数据及专家打分	定性和定量	较复杂	需要（很强）	适用于非独立的递阶层次结构决策
因子分析法	财务数据	定量	较复杂	需要	适用于多变量存在相关性的情况
突变级数法	财务数据	定量	简单	需要	适用于对评价目标进行多层次矛盾分解
灰色关联度分析法	财务数据	定量	较简单	需要	适用于部分信息未知、数据较少的动态历程分析
模糊综合评判法	专家打分	定性	较复杂	需要（很强）	适用于模糊、难以量化非确定性问题的解决

① 根据各种评价方法综合分析整理得出。

从以上评价方法的比较来看，均存在一定的不足和弱点，如都存在一定的人为不确定因素，需要评价者主观判断等。作者认为，正是因为指标选取不一和评价方法各异，才导致人们对企业成长的实质和规律性有了更加全面和深入的了解，更有利于对企业成长产生指导意义。通过综合比较，作者认为，因子分析法比较适合上市公司成长性分析，故采用其中的主成分分析法对样本公司进行了成长性判定。

第二节　基于主成分分析的成长性研究

一、样本的选择和数据来源

本书实证分析数据以 2006 年 1 月 1 日以前上市的沪深 A 股非金融类上市公司为样本，观测区间为 2007~2012 年连续 6 年的面板数据 (Panel Data) ①。在此基础上，根据本书研究目的，依据以下原则进行了样本剔除：

1. 剔除同时发行 B 股或 H 股的上市公司

考虑到 B 股或 H 股的成交价格与 A 股差异较大，可能导致含 B 股或 H 股的公司与单纯发行 A 股公司不具可比性，同时含 B 股或 H 股的公司在股东构成和监管环境等方面存在一定区别，因此予以剔除。

2. 剔除 2007~2012 年曾被 ST、PT、退市，净资产为负数或主营业务收入为负数的上市公司

考虑到财务困境公司的现金持有与正常经营公司有较大区别，因此按照习惯予以剔除。

① 由于我国上市公司于 2007 年正式实行了新的企业会计准则，与原有会计准则差异较大，因此基于会计制度的稳定性和财务数据的可比性，本章选取该观测区间。此外，选取上市日期在 2006 年之前的公司，一方面可以避免 IPO 对现金持有水平带来的影响，另一方面可以保证样本具有连续 6 年的数据。

3. 剔除2006~2012年通过资本市场增发、配股和发行可转换债券的上市公司

因为通过资本市场公开再融资对现金持有水平变动影响较大，同时对企业成长性有较大的突出影响，因此予以剔除①。

4. 剔除研究变量所需数据存在缺失的上市公司

经过上述剔除程序后，共获得435家上市公司2610个公司年度数据，以此作为本章研究样本。本书数据主要来源于国泰安（CSMAR）中国上市公司研究数据库，包括《上市公司财务报表数据库》、《上市公司治理结构研究数据库》、《股票市场交易数据库》等，此外还有部分数据，如行业指数收益率等来自于WIND中国金融数据库，并使用Excel和SPSS 19.0等软件对数据进行处理。考虑到本章及以后各章有些原始财务数据需要进一步筛选、排序和重新计算，所以需要用到Excel来执行相应的处理，而SPSS主要用来对样本数据进行描述性统计、多元回归分析以及稳健性检验等。

二、研究设计

根据对企业成长性评价方法的比较分析，本章拟采用因子分析法中的主成分分析法，对样本公司的成长性进行估算，具体步骤如下：

1. 变量的选取与定义

用于衡量上市公司成长性的财务变量有些可以从数据库直接获取，有些需要通过Excel进行简单的整理和计算得出。

2. 主成分分析

对所选取的财务变量进行无量纲化处理、相关性分析和公因子的提取。

① 2006~2012年通过资本市场增发的上市公司共有541家，剔除样本公司后的数量大为减少。尽管大多数实证文献并未剔除该类公司，但本书认为，基于我国资本市场的特殊性，增发、配股和发行可转换债券等再融资行为确实对上市公司当年及以后若干年的现金持有水平带来重大影响，故予以剔除，特此说明。

3. 构建上市公司成长性评价模型

通过上一步骤的主成分分析，提取影响上市公司成长性的关键影响因子，构建成长性评价模型。进而计算出各样本公司成长性得分，并按照一定的要求进行排序和分组。

三、主成分分析

1. 主成分分析的基本理论

主成分分析由 Hotelling 于 1933 年首先提出，又称作主分量分析或主轴分析，是一种将多个相关联指标化为少数几个综合指标的统计分析方法。多个变量之间的相关性使得信息存在一定的重叠，因此通过统计的方法，用较少的变量来代替原有较多的变量，可以尽可能简捷地提取到有效或主要信息①。

（1）主成分分析实现原理。一般说来，只要多个变量间存在着一定的相关性，就可以根据这些变量间内部的依赖关系，采用主成分分析法，提取出相对数量较少的主成分因子来反映原有的主要信息。通过主成分因子载荷矩阵，就可以得到一个更低维的随机向量。因此，主成分分析法可以实现用显性变量测评隐性变量、具体变量测评抽象变量的统计分析方法研究复杂社会经济现象的目的。

（2）主成分分析的基本理论。设 $X=(X_1,\ \cdots,\ X_P)'$ 是 p 维随机变量，均值 $E(X)=\mu$，协方差矩阵 $D(X)=\sum_Y$。

对原始数量矩阵 X 的 p 个变量进行线性组合，可以形成新的综合数量矩阵 Y。新的综合数量矩阵 Y 由原始数量矩阵 X 表示，其表达公式如下所示：

$$
\begin{aligned}
Y_1 &= \mu_{11}X_1+\mu_{12}X_2+\cdots+\mu_{1p}X_p \\
Y_2 &= \mu_{21}X_1+\mu_{22}X_2+\cdots+\mu_{2p}X_p \\
&\cdots
\end{aligned}
\tag{3.1}
$$

① 简言之，主成分分析的基本思路就是通过降维、提取因子的数学方法，达到对复杂社会经济现象深入分析和正确评价的目的。

$Y_p = \mu_{p1}X_1 + \mu_{p2}X_2 + \cdots + \mu_{pp}X_p$

易见

$Var(Y_i) = \mu_i' \sum \mu_i$，$(i = 1, 2, \cdots, p)$

$$Cov(Y_i, Y_j) = \mu_i' \sum \mu_j (i, j = 1, \cdots, p) \qquad (3.2)$$

假如希望用 Y_i 来代替原来的 p 个变量 X_1，…，X_p，这就要求 Y_i 尽可能多地反映原来 p 个变量的信息，即 Var（Y_i）越大，代表 Y_i 包含的信息越多。由式（3.2）看出，对 μ_i 必须加以限制，否则 $Var(Y_i)$ 任意增大会失去研究意义。常用的限制是 $\mu_i' \sum \mu_i = 1$。若存在满足以上约束的μ_i，使 Var（Y_i）达到最大，则称 Y_i 为第 i 主成分（或主分量）。同理，可以求出其他主成分 Y_j，但必须满足 Y_i 和 Y_j 之间不相关。综合以上，线性变换原则如下：

$\mu_i' \sum \mu_i = 1$，

即 $\mu_{i1}^2 + \mu_{i2}^2 + \cdots + \mu_{ip}^2 = 1 \quad (i = 1, 2\cdots, p)$

$Cov(Y_i, Y_j) = 0$

即 $\mu_i' \sum \mu_j = 0 \quad (i, j = 1, \cdots, p)$

Y_i 是 X_1，…，X_p 的一切系数满足条件中方差最大的线性组合；

Y_1，…，Y_p 的方差之和等于 X_1，…，X_p 的方差之和。

通过上述线性变换，可以把 p 个原始变量 X_1，…，X_p 的总方差分解为 p 个相互独立的变量 Y_1，…，Y_p 的方差之和。主成分分析的目的是减少变量的个数，因此需要根据每个主成分的方差贡献率进行排序并计算累计贡献率。当累计贡献率达到一个较高的百分数时，就选取前 $m(m < p)$ 个变量为主成分变量。

2. 变量的选择与定义

根据有关企业成长性评价指标的文献研究及指标选取的四个原则，作者拟采用反映企业偿债能力、运营能力、股东获利能力、企业发展能力和盈利能力五个方面的财务指标来反映企业的成长性。具体为流动比率（X1）、速动比率（X2）、总资产周转率（X3）、每股经营活动现金净流量（X4）、每股收益（X5）、营业收入增长率（X6）、净利润增长率（X7）、营业利润率（X8）、营业毛利率（X9）、总资产净利润率（X10）、净资产收益率（X11）和成本费用利润率（X12）12 个财务指标。各评价指标定义具体见表 3–2。

表 3–2　评价指标的定义

变量名称	变量代码	公式表达
流动比率	X1	流动资产/流动负债
速动比率	X2	（流动资产 – 存货）/流动负债
总资产周转率	X3	营业收入/资产总额期末余额
每股经营活动现金净流量	X4	经营活动现金净流量/总股数
每股收益	X5	净利润/总股数
营业收入增长率	X6	（本年主营营业收入 – 上年主营营业收入）/上年主营营业收入
净利润增长率	X7	（本年净利润 – 上年净利润）/上年净利润
营业利润率	X8	营业利润/营业收入
营业毛利率	X9	（营业收入 – 营业成本）/营业收入
总资产净利润率	X10	净利润/总资产余额
净资产收益率	X11	净利润/股东权益余额
成本费用利润率	X12	利润总额/（营业成本 + 销售费用 + 管理费用 + 财务费用）

3. 无量纲化

衡量成长性的各个变量指标，如流动比率和每股收益存在性质和计量单位的不同，缺乏统一的标准。此外，各指标间的水平可能相差很大，如营业收入和净利润增长率指标数值可能很大，如果直接用原始数据进行分析，就会突出该指标在综合分析中的作用，并相应弱化数值水平较低指标如成本费用利润率等指标的作用，从而在运算过程中赋予各指标不合理的权重。为避免这种现象的发生，解决各指标间统一性和均衡性问题，对各指标数值进行无量纲化的处理十分必要。此处拟采用标准差标准化法（Z 分数法）对指标进行无量纲化处理。其运算公式如下所示：

$$Z_i = \frac{X_i - \bar{X}}{S} \tag{3.3}$$

其中，X_i 为变量指标 X 的第 i 个观测值，$\bar{X}$为变量指标 X 的均值，S 为标准差。

4. 主成分结果分析

衡量成长性各指标间的相关性检验结果如表 3-3 所示。从表 3-3 中可以看出，各个变量之间相关性较强，具有进行因子分析的必要[1]。

表 3-4 给出了检验因子分析适用性的 KMO 检验统计量与 Bartlett 球形检验数值。KMO 检验值等于 0.662，比较适合进行因子分析；Bartlett 球形检验相伴概率为 0.000，表明本样本的数据采用主成分分析是有效的。

表 3-5 列出了 12 个原始变量的变量共同度[2]。可以看出，除少量变量的共同度接近 80%外，半数以上变量的共同度都超过了 90%，说明原始变量的大部分信息已经反映在所提取的因子中，提取效果较为理想。

表 3-3 相关检验结果

lorrelatien Matrin

		X1	X2	X3	X4	X5	X6	X7	X8	X9	X10	X11	X12
相关	X1	1.000	0.990	0.166	-0.001	0.030	-0.004	-0.011	0.049	0.062	0.104	0.030	0.135
	X2	0.990	1.000	0.170	0.000	0.040	-0.007	-0.004	0.059	0.068	0.129	0.039	0.164
	X3	0.166	0.170	1.000	-0.013	0.056	0.029	0.005	-0.089	-0.372	0.096	0.127	-0.209
	X4	-0.001	0.000	-0.013	1.000	-0.021	-0.013	-0.022	-0.008	-0.064	-0.025	-0.005	-0.021
	X5	0.030	0.040	0.056	-0.021	1.000	0.042	0.303	0.194	0.339	0.700	0.663	0.550
	X6	-0.004	-0.007	0.029	-0.013	0.042	1.000	0.125	0.001	-0.001	0.059	0.082	0.015
	X7	-0.011	-0.004	0.005	-0.022	0.303	0.125	1.000	0.109	0.081	0.304	0.345	0.183
	X8	0.049	0.059	-0.089	-0.008	0.194	0.001	0.109	1.000	0.205	0.272	0.218	0.540
	X9	0.062	0.068	-0.372	-0.064	0.339	-0.001	0.081	0.205	1.000	0.447	0.317	0.541
	X10	0.104	0.129	0.096	-0.025	0.700	0.059	0.304	0.272	0.447	1.000	0.862	0.573
	X11	0.030	0.039	0.127	-0.005	0.663	0.082	0.345	0.218	0.317	0.862	1.000	0.421
	X12	0.135	0.164	-0.209	-0.021	0.550	0.015	0.183	0.540	0.541	0.573	0.421	1.000
Sig.（单侧）	X1		0.000	0.000	0.470	0.061	0.427	0.279	0.006	0.001	0.000	0.065	0.000
	X2	0.000		0.000	0.494	0.021	0.352	0.410	0.001	0.000	0.000	0.023	0.000
	X3	0.000	0.000		0.250	0.002	0.068	0.403	0.000	0.000	0.000	0.000	0.000
	X4	0.470	0.494	0.250		0.147	0.261	0.128	0.342	0.001	0.099	0.399	0.144
	X5	0.061	0.021	0.002	0.147		0.016	0.000	0.000	0.000	0.000	0.000	0.000
	X6	0.427	0.352	0.068	0.261	0.016		0.000	0.486	0.478	0.001	0.000	0.217
	X7	0.279	0.410	0.403	0.128	0.000	0.000		0.000	0.000	0.000	0.000	0.000

① 从表中可以看出，矩阵中存在许多比较高的相关系数，其相关系数显著性检验的 p 值大多小于 0.05，说明多个变量之间相互依赖的程度较高，具有降维、提取因子的必要。

② 变量共同度反映每个变量对提取出的所有公共因子的依赖程度。

续表

		X1	X2	X3	X4	X5	X6	X7	X8	X9	X10	X11	X12
Sig.（单侧）	X8	0.006	0.001	0.000	0.342	0.000	0.486	0.000		0.000	0.000	0.000	0.000
	X9	0.001	0.000	0.000	0.001	0.000	0.478	0.000	0.000		0.000	0.000	0.000
	X10	0.000	0.000	0.000	0.099	0.000	0.001	0.000	0.000	0.000		0.000	0.000
	X11	0.065	0.023	0.000	0.399	0.000	0.000	0.000	0.000	0.000	0.000		0.000
	X12	0.000	0.000	0.000	0.144	0.000	0.217	0.000	0.000	0.000	0.000	0.000	

表 3-4　KMO 检验与 Bartlett 球形检验

取样足够多的 KMO 度量		0.662
Bartlett 球形检验	近似卡方	20598.559
	df	66
	Sig.	0.000

表 3-5　变量共同度

	初始	提取
X1	1.000	0.990
X2	1.000	0.993
X3	1.000	0.843
X4	1.000	0.997
X5	1.000	0.729
X6	1.000	0.999
X7	1.000	0.982
X8	1.000	0.944
X9	1.000	0.778
X10	1.000	0.888
X11	1.000	0.837
X12	1.000	0.799

提取方法：主成分分析。

表 3-6 给出了因子分析各个阶段的特征根与方差贡献表，包括特征根从大到小的排序，各个因子的方差贡献率及累计方差贡献率。第一公因子对应的特征根是 3.555，它对于总方差的贡献达到了 29.628%；第二公因子的特征根是 2.022，它对于总方差的贡献达到了 16.854%；第三公因子的特征根是 1.469，它对于总方差的贡献达到了 12.245%；第四公因子的特征根是 1.024，它对于总方差的贡献达到了

8.530%；第五公因子的特征根是 0.996，它对于总方差的贡献达到了 8.301%；第六公因子的特征根是 0.904，它对于总方差的贡献达到了 7.532%；第七公因子的特征根是 0.808，它对于总方差的贡献达到了 6.735%。可以看出，前四个公因子的特征根均大于 1，累计贡献率为 67.256%，有些偏低。故将特征根的取值范围调低至 0.8 以上，这样有七个公因子符合条件，累计贡献率提高至 89.824%，能够包含大部分信息。

表 3–6 特征根与方差贡献表

成分	初始特征值			提取平方和载入			旋转平方和载入		
	合计	对于总方差的贡献（%）	累计贡献率（%）	合计	对于总方差的贡献（%）	累计贡献率（%）	合计	对于总方差的贡献（%）	累计贡献率（%）
1	3.555	29.628	29.628	3.555	29.628	29.628	2.982	24.849	24.849
2	2.022	16.854	46.481	2.022	16.854	46.481	2.034	16.953	41.802
3	1.469	12.245	58.726	1.469	12.245	58.726	1.469	12.240	54.042
4	1.024	8.530	67.256	1.024	8.530	67.256	1.309	10.911	64.953
5	0.996	8.301	75.557	0.996	8.301	75.557	1.006	8.382	73.335
6	0.904	7.532	83.089	0.904	7.532	83.089	1.002	8.346	81.681
7	0.808	6.735	89.824	0.808	6.735	89.824	0.977	8.143	89.824
8	0.437	3.643	93.466						
9	0.414	3.449	96.915						
10	0.250	2.085	99.000						
11	0.111	0.923	99.922						
12	0.009	0.078	100.000						

提取方法：主成分分析。

表 3–7 为旋转前的因子载荷阵，从表中看出，7 个因子在各个原始变量上的载荷区别不大，难以反映各因子的代表含义。

表 3–7 旋转前的因子载荷阵[a]

	成分						
	1	2	3	4	5	6	7
X10	0.892	–0.041	0.224	–0.096	–0.073	–0.102	0.122
X11	0.813	–0.107	0.369	–0.098	–0.047	–0.105	0.078
X5	0.795	–0.117	0.225	–0.101	–0.072	–0.114	0.063
X12	0.789	–0.032	–0.366	–0.023	0.043	0.191	0.049

续表

	成分						
	1	2	3	4	5	6	7
X9	0.599	−0.129	−0.505	0.098	−0.056	−0.350	0.114
X1	0.201	0.961	−0.116	0.061	0.035	−0.075	−0.058
X2	0.221	0.958	−0.117	0.054	0.034	−0.067	−0.058
X3	−0.047	0.346	0.734	−0.186	−0.154	0.294	0.193
X6	0.083	−0.031	0.237	0.735	0.501	0.048	0.377
X4	−0.044	0.010	0.023	−0.567	0.808	−0.140	0.016
X8	0.468	−0.040	−0.336	−0.058	0.118	0.770	−0.031
X7	0.408	−0.120	0.328	0.278	0.188	−0.001	−0.762

提取方法：主成分分析。
a：已提取了 7 个成分。

因此，为了得到意义明确的主成分含义，我们按方差最大法对表 3-7 进行了正交旋转，得到了如表 3-8 所示的旋转后的因子载荷矩阵。从表中可以看出，旋转后的载荷系数已经明显地两极分化。第 1 公因子在 X10、X11、X5 上有较大载荷（绝对值较大的系数），可以把它们归为一类。类似地，第 2 公因子在 X2、X1 上有较大载荷，第 3 公因子在 X3、X9 上有较大载荷，第 4 公因子在 X8、X12 上有较大载荷，第 5 公因子在 X4 上有较大载荷，第 6 公因子在 X6 上有较大载荷，第 7 公因子在 X7 上有较大载荷。

表 3-8 旋转后的因子载荷阵 [a]

	成分						
	1	2	3	4	5	6	7
X10	0.924	0.082	0.049	0.137	−0.014	0.024	0.073
X11	0.898	−0.012	−0.061	0.059	0.012	0.044	0.148
X5	0.839	−0.004	0.054	0.096	−0.007	−0.006	0.113
X2	0.043	0.994	−0.036	0.039	0.001	−0.005	−0.004
X1	0.026	0.994	−0.037	0.025	−0.001	0.000	−0.005
X3	0.190	0.153	−0.877	−0.063	−0.043	0.018	−0.086
X9	0.456	0.092	0.731	0.090	−0.081	0.004	−0.109
X8	0.130	0.014	0.037	0.961	−0.002	−0.002	0.041
X12	0.539	0.141	0.388	0.581	−0.012	−0.001	0.006

续表

	成分						
	1	2	3	4	5	6	7
X4	-0.006	0.002	-0.009	-0.005	0.998	-0.006	-0.013
X6	0.037	-0.005	-0.013	-0.002	-0.006	0.997	0.057
X7	0.251	-0.006	0.014	0.043	-0.015	0.063	0.955

提取方法：主成分分析。
旋转法：具有 Kaiser 标准化的正交旋转法。
a：旋转在 5 次迭代后收敛。

5. 构建公司成长性评价模型

本书用 Fn 表示公因子，n∈（1，2，3，4，5，6，7）；用 Xm 代表衡量成长性的 12 个指标，m∈（1，2，3，4，5，6，7，8，9，10，11，12）；用 Ynm 代表 3-9 中列出的成分得分系数，可以用公式表示：

$$Fn = \sum Ynm \times Xm \tag{3.4}$$

最后，我们可以得出主成分表达式：

$$F1 = -0.038X1 - 0.033X2 + 0.164X3 + 0.021X4 + 0.318X5 - 0.021X6 - 0.081X7 - 0.148X8 + 0.141X9 + 0.349X10 + 0.351X11 + 0.080X12$$

$$F2 = 0.498X1 + 0.496X2 + 0.018X3 + 0.006X4 - 0.039X5 + 0.002X6 + 0.027X7 - 0.051X8 + 0.055X9 - 0.004X10 - 0.049X11 + 0.034X12$$

$$F3 = 0.021X1 + 0.018X2 - 0.660X3 + 0.015X4 - 0.033X5 + 0.015X6 + 0.029X7 - 0.167X8 + 0.502X9 - 0.046X10 - 0.113X11 + 0.150X12$$

$$F4 = -0.032X1 - 0.022X2 + 0.066X3 - 0.004X4 - 0.089X5 + 0.009X6 - 0.019X7 + 0.872X8 - 0.154X9 - 0.071X10 - 0.113X11 + 0.356X12$$

表 3-9　成分得分系数矩阵

	成分						
	1	2	3	4	5	6	7
X1	-0.038	0.498	0.021	-0.032	0.005	0.004	0.033
X2	-0.033	0.496	0.018	-0.022	0.007	-0.001	0.032
X3	0.164	0.018	-0.660	0.066	-0.057	0.001	-0.167
X4	0.021	0.006	0.015	-0.004	0.994	0.006	-0.009
X5	0.318	-0.039	-0.033	-0.089	0.011	-0.040	-0.026
X6	-0.021	0.002	0.015	0.009	0.006	1.006	-0.058
X7	-0.081	0.027	0.029	-0.019	-0.004	-0.053	1.026
X8	-0.148	-0.051	-0.167	0.872	-0.001	0.006	0.017
X9	0.141	0.055	0.502	-0.154	-0.057	0.022	-0.172
X10	0.349	-0.004	-0.046	-0.071	0.005	-0.006	-0.087
X11	0.351	-0.049	-0.113	-0.113	0.029	0.002	-0.009
X12	0.080	0.034	0.150	0.356	0.006	0.003	-0.074

提取方法：主成分分析。
旋转法：具有 Kaiser 标准化的正交旋转法。

$$F5 = 0.005X1 + 0.007X2 - 0.057X3 + 0.994X4 + 0.011X5 + 0.006X6 - 0.004X7 - 0.001X8 - 0.057X9 + 0.005X10 + 0.029X11 + 0.006X12$$

$$F6 = 0.004X1 - 0.001X2 + 0.001X3 + 0.006X4 - 0.040X5 + 1.006X6 - 0.053X7 + 0.006X8 + 0.022X9 - 0.006X10 + 0.002X11 + 0.003X12$$

$$F7 = 0.033X1 + 0.032X2 - 0.167X3 - 0.009X4 - 0.026X5 - 0.058X6 + 1.026X7 + 0.017X8 - 0.172X9 - 0.087X10 - 0.009X11 - 0.074X12$$

根据公因子对应的方差贡献率，可以整理出成长性综合模型：

$$V = 0.29628F1 + 0.16854F2 + 0.12245F3 + 0.08530F4 + 0.08301F5 + + 0.07532F6 + 0.06735F7 \quad (3.5)$$

6. 描述性统计分析

表 3-10 列出了本书 2610 个样本公司成长性得分的描述性统计结果。为了检验成长性不同所带来的差异，同时为了避免不同年份成长

性异常带来的影响，本书计算出每一个公司 6 年里同一成长性得分的均值，根据均值高低进行排序，采用三分位法进行分类，选取其中上三分位的样本为高成长性公司组，下三分位的样本为低成长性公司组。

表 3-10　成长性的描述性统计

年　份		2007~2012	2007	2008	2009	2010	2011	2012
全样本	均值	0.0000	0.0262	-0.0680	-0.0067	0.0292	0.0410	-0.0218
	中位数	-0.0524	-0.0399	-0.0990	-0.0588	-0.0339	-0.0306	-0.0579
	标准差	0.3944	0.3808	0.3758	0.3750	0.3450	0.4812	0.3863
	最小值	-2.0771	-2.0771	-1.4033	-0.9370	-1.1118	-1.0774	-1.7404
	最大值	5.7463	2.1600	2.1762	2.9024	2.6494	5.7463	3.5358
	样本量	2610	435	435	435	435	435	435
高成长性样本	均值	0.3077	0.3181	0.2365	0.2958	0.3354	0.3905	0.2697
	中位数	0.2213	0.2191	0.1617	0.2386	0.2708	0.2292	0.1815
	标准差	0.4555	0.4079	0.3837	0.4256	0.3838	0.6389	0.4326
	最小值	-0.7805	-0.3844	-0.7246	-0.7805	-0.2921	-0.3928	-0.5682
	最大值	5.7463	2.1600	2.1762	2.9024	2.6494	5.7463	3.5358
	样本量	870	145	145	145	145	145	145
低成长性样本	均值	-0.2542	-0.2029	-0.3228	-0.2605	-0.2135	-0.2333	-0.2923
	中位数	-0.2240	-0.1756	-0.2698	-0.2428	-0.2072	-0.2253	-0.2478
	标准差	0.2419	0.3056	0.2766	0.2081	0.1709	0.2122	0.2337
	最小值	-2.0771	-2.0771	-1.4033	-0.9370	-1.1118	-1.0774	-1.7404
	最大值	0.6389	0.6121	0.4305	0.5441	0.3476	0.6389	0.2265
	样本量	870	145	145	145	145	145	145

从表 3-10 可以看出，高成长性样本公司的成长性得分无论是均值还是中值均明显高于低成长性样本公司。同时，从图 3-1 中上市公司成长性变动趋势来看，无论是全样本，还是高、低成长性样本，其成长性水平均经历了一个波动性的调整过程。具体表现：2008 年形成了一个波谷，表明所有样本均受到全球金融危机的较大冲击。而从 2009 年开始，受国家宏观政策影响，经济偏向好转，公司整体成长性持续提升，至 2011 年形成一个新的波峰。但之后受宏观经济形势下行及全球金融危机、欧洲债务危机的余波影响，公司成长性开始减速乃至下降。从组别比较来看，高成长性样本组成长均值为 0.3077，远远高于

低成长性样本组的平均值-0.2542；从变化趋势来看，低成长性样本更快地从2010年开始进入下行通道。

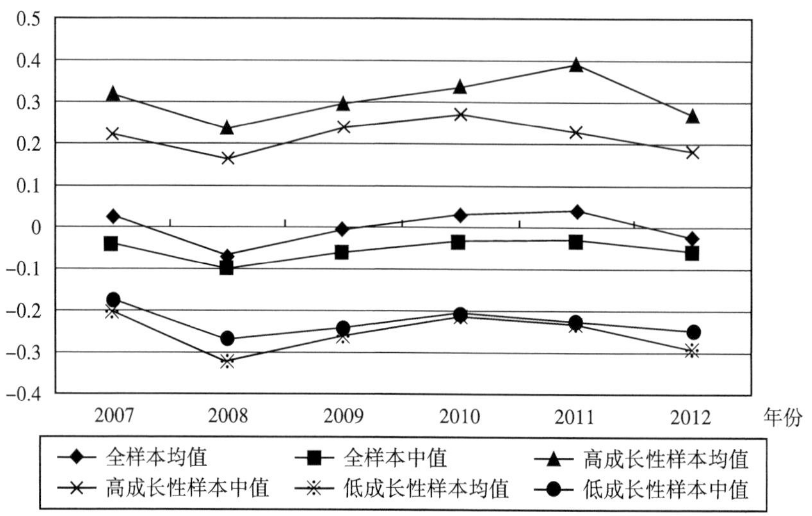

图 3-1 上市公司成长性变动趋势

本章小结

本章选取435家沪深A股非金融上市公司2007~2012年持续存在的2610个有效数据为样本，在对企业成长性评价的理论文献进行分析的基础上，最终选取了反映企业偿债能力、运营能力、股东获利能力、企业发展能力和盈利能力五个方面的财务指标即流动比率、速动比率、总资产周转率、每股经营活动现金净流量、每股收益、营业收入增长率、净利润增长率、营业利润率、营业毛利率、总资产净利润率、净资产收益率和成本费用利润率12项指标，采用主成分分析法，构建出上市公司成长性评价模型。据此模型，计算出435家上市公司6年来成长性指标的均值并排序，各选前后145家高、低成长性样本公司，

为后续章节的研究提供了可行性基础。此外，通过对样本公司成长性变动趋势的分析，可以发现我国上市公司的成长性水平呈现出“W”型的变化过程。作者认为这种特殊现象的出现，主要是2008年全球金融危机对我国企业尤其是上市公司带来的影响，虽然这种影响随着国家宏观扶持政策的出台有所缓解，但还是存在反复波动和不断震荡的可能。

第四章　公司财务特征与目标现金持有水平

第二章通过对现金持有理论基础和实证文献的研究，分别从权衡理论、融资优序理论和代理理论这三种理论视角分析了上市公司现金持有的影响因素、调整行为和经济后果。对我国上市公司而言，尤其是成长性不同的公司，用何种理论可以更好地解释他们的现金持有水平？现金持有水平与各种影响因素的关系是怎样的？哪种因素相对更为重要？高成长性公司与低成长性公司相比，现金持有决策具有哪些不同的影响特征？

本书基于成长性视角，主要从公司财务特征和公司治理两大方面对现金持有的影响因素进行微观分析①。本章探讨的是公司财务特征对现金持有水平的影响，并运用逐步回归法建立了一个以公司财务特征为变量的目标现金持有水平模型。

第一节　理论分析与预测

1. 公司规模与现金持有水平

之前的大量研究表明，公司规模与现金持有水平之间存在负相关

① 宏观环境对上市公司现金持有水平具有重要影响，但本书并未单独予以重点分析，乃本书研究之局限。

的关系。Meltzer（1963）提出并证明了公司现金持有量存在规模经济效应；Miller 和 Orr（1966）认为现金管理的规模经济导致大公司比小公司持有更少的现金。Barclay 和 Smith（1996）认为在证券发行过程中，与借贷相关的筹资费用与筹资多少并无关系，与大公司相比，小公司承担这笔固定费用的筹资成本更高。因此，小公司倾向于持有更多的现金①。此外，Rajan 和 Zingales（1995）、Titman 和 Wessels（1988）认为大公司之所以比小公司持有更少的现金，是因为大公司的多元化经营为其带来更小的陷入财务困境的可能②。

但融资优序理论认为，大规模公司往往经营比较成功，所以通常其现金流量较高，在控制其他因素之后，大规模公司往往持有更多的剩余现金。这一观点得到少量实证研究的支持，如 Kalcheva 和 Lins（2007）以 31 个国家 5000 家企业为样本，研究发现企业规模与现金持有水平显著正相关。

2. 盈利能力与现金持有水平

根据权衡理论，盈利能力强的公司出现投资不足的可能性较小，其充裕的现金流量能够随时满足未来可能的投资机会对资金的需求（Kim et al.，1998；Ozkan A & Ozkan N，2004），其现金持有水平往往较低。盈利能力弱的公司则可能出现投资不足或陷入财务困境的风险，其现金持有水平往往较高。在这种逻辑下，公司盈利能力与现金持有水平之间负相关。

然而，根据融资优序理论，现金持有量是公司投融资活动的结果（Dittmar et al.，2003），因此，盈利能力强的公司在发放股利、偿还债务后会积聚大量的现金。盈利能力弱的公司则持有更少的现金以及发

---

① 与此相一致的是，Fazzari 和 Peterson（1993）、Kim 等人（1998）以及 Ozkan A 和 Ozkan N（2004）认为大公司与小公司相比，因为其拥有更好的资本通路和更低的融资成本，所以面临融资约束的可能性更小一些。

② 有大量的实证研究支持以上这些观点。Opler 等人（1999）对 1971~1994 年在美国公开上市的公司进行研究发现，现金持有水平与企业规模负相关。Ozkan A.和 Ozkan N.（2004）通过对 1984~1999 年在英国上市的非金融公司进行研究获得了同样的结论。D'Mello 等人（2008）通过对公司分拆的研究，发现了同样的负相关性，Bates 等人（2009）、Ferreira 和 Vilela（2004）、Harford 等人（2008）也得出了同样的结论。

行债券为项目融资，这些公司不愿权益融资因为其成本太高①。因此，公司盈利能力与现金持有水平之间正相关。

3. 现金流量与现金持有水平

在权衡理论下，现金流量可以被看作是现金的替代物，现金流量多的公司放弃有价值投资机会及面临财务困境的概率较小，因此，现金流量与公司现金持有水平负相关。根据 Jensen（1986）和 Hardin 等人（2009）的研究，外部资金的提供者能够通过拒绝资助新的投资项目来对经理人进行约束，而经营活动所增加的现金流量却从另一方面提供给经理人易于取得资金的来源。其结果应该是现金流量和现金持有水平负相关，这是因为前者的增加减少了后者潜在的需要②。

但在融资优序理论下，现金流量被视作现金的来源，现金流量越多的公司在其投资需求得以满足之后，就会将现金积累起来，储备的现金持有量可以用于未来的投资项目或应对可能的压力，所以该理论认为现金流量与现金持有水平正相关。Ferreira 和 Vilela（2004）、Ozkan A 和 Ozkan N（2004）发现现金流量和现金持有水平存在显著的正相关关系。而更多的实证研究结论表明两者之间的关系并不明显。

4. 现金流量的不确定性与现金持有水平

在权衡理论下，现金被认为是公司在恶劣经营环境下承受不利冲击和提高生存可能性的“缓冲器”。现金持有预防性动机也正是基于不得不削减股利或被迫处置资产带来潜在损失的担心而持有现金。因此，一般认为现金流量不确定性越大，公司储备的现金持有量越高，尤其是融资约束公司。Minton 和 Schrand（1999）通过研究发现，当现金流持续高波动时，公司会放弃投资，而非改变投资时间以解决现金流的不足问题。他们还认为当资本市场不完善时，现金短缺问题的频繁出

① 参见 Al-Najjar 和 Belghitar，2011；Dittmar 等人，2003；Ferreira 和 Vilela，2004；等等。

② Kim 等人（1998）也得出了现金流量和现金持有水平负相关的结论，他们认为现金流量提供了公司流动性的稳定来源，可被视作是现金的替代物。

现会加大公司外部融资的成本①。因此，可以认为，现金流量的不确定与现金持有水平正相关。

而融资优序理论认为，现金流量不确定性越大，企业在满足投资需求后的现金剩余越少。因此，现金流量的不确定性与现金持有水平负相关。

5. 财务杠杆与现金持有水平

在权衡理论下，财务杠杆与现金持有水平之间的关系并不是十分明确，原因包括：一方面，财务杠杆越高，意味着公司硬性还款的压力越大，公司面临失败和破产的风险就越高，为了避免这种情况的发生，公司会持有更多的现金；另一方面，财务杠杆越高，表明公司的举债能力越强，公司在较为容易获得外部资金和现金持有成本较高的情况下，就会持有更少的现金。

在融资优序理论下，现金持有量被看作是留存收益与投资需求之间的"缓冲器"。当现金流量多时，其被用来偿还债务或积累资金；反之，当现金流量不能满足投资需求时，公司就会举借债务或使用持有的现金，所以财务杠杆与现金持有水平之间负相关②。

对于这两者之间的关系，实证研究得出的结论也不尽一致，既有正相关的，也有负相关的。Kim 等人（1998）发现现金持有水平与公司负债水平负相关，而 Opler 等人（1999）认为面临更大财务困境可能性的公司应该持有更多的现金。Baskin（1987）发现，当公司负债比率上升时，用来投资流动资产的资金成本也会增加；John（1993）认为，公司将借贷作为股票等流动资产的一种替代物。Guney、Ozkan

① 类似地，Bates、Kahle 和 Stulz（2009）发现 1980~2006 年，那些经营异常、现金流量波动幅度较大的美国工业公司现金持有水平显著上涨。

② 与融资优序理论相一致的是代理理论认为财务杠杆给现金持有水平施加了负面影响，因为财务杠杆能够被看作是一种契约机制，它发挥了减少自由现金流量问题所产生的代理成本的作用（Hardin et al.，2009）。按照 Jensen（1986）的自由现金流量理论，财务杠杆低并拥有大量现金储备的公司会变得低效，其获利可能性不大的投资项目会侵蚀股东的财富。财务杠杆的运用能纠正自由现金流量问题，因为债务的偿还能够对经理人的行为产生约束力，进而影响经理人积累现金的能力。因此，这时候的期望结果是持有较少的现金。

和 Ozkan（2007）发现现金持有和财务杠杆存在非单调线性关系[①]。

6. 债务期限结构与现金持有水平

债务期限结构是指长期债务占公司总负债的比例。在权衡理论下，长期债务比重越高，说明短期债务所占的比重越低，公司陷入财务困境的可能性较小，因此公司就应该持有较低水平的现金。例如，Barclay 和 Smith（1996）研究发现，高信用等级的公司倾向于发行短期债务。因为高信用等级的公司相对来说更容易筹集到外部资金，其持有的现金就较少[②]。所以，债务期限结构与现金持有水平负相关。

在融资优序理论下，根据信息不对称假设，存在信息不对称问题的企业更可能发行短期债务，短期债务被视作信息不对称的代替变量，短期债务较多的企业往往因外部融资受限而不得不持有更多的现金[③]。因此，债务期限结构与现金持有水平负相关。

7. 现金替代物与现金持有水平

现金替代物是指当公司一旦发生现金短缺时，可以立刻用来清算的流动资产。Ferreira 和 Vilela（2004）认为非现金流动资产在本质上属于现金替代物：当需要的时候，它们能快速变现产生现金。其结果是拥有更多非现金流动资产的公司持有更少的现金。这种观点得到了非现金流动资产较其他资产更能以低成本和轻易转换为现金这一事实的佐证（Ozkan A & Ozkan N，2004）。公司需要这种流动性以避免在现金短缺时无须依赖资本市场，因此，它们将减少预防性现金的持有。

之前大多数的实证研究[④]，提供了流动性或流动资产替代物对公司现金持有水平产生负影响的证据。因此，可以预测，现金替代物与现金持有水平负相关。

---

① 他们调查了包括法国、德国、日本、英国和美国在内的大样本公司，发现现金持有和较低水平的财务杠杆存在负相关关系。他们对此的解释是当负债水平较低时，财务杠杆充当了现金的替代物；而当财务困境成本上升时，两者又转变为正相关关系。

② Teruel 和 Solano（2004）的研究就证明了这一观点。

③ Flannery（1986）和 Diamond（1993）的研究结果验证了这一观点。

④ 参见 Ferreira 和 Vilela，2004；Hardin 等人，2009；Ozkan A 和 Ozkan N，2004；等等。

8. 投资机会/成长性与现金持有水平

拥有更多投资机会的公司可能会持有更多的现金，以确保在内生性现金流量不足而外部融资成本太高时，大量的现金可以满足投资需求。流动性资金较少或外部融资成本太高将导致公司在面对较好的投资机会时不得不放弃，其机会成本要高于拥有更好投资机会的公司。同时，对于有较好投资机会的公司，其面临的财务困境成本较高，如发生破产，这些项目的净现值就会完全消失，所以他们通常持有较高的现金。

Kim 等人（1998）以经济领先指数的对数增长率指标作为投资机会获利程度的代理变量，而 Opler 等人（1999）用 M/B 比率来表示，两项研究都发现，随着投资机会的增加，公司现金持有水平会相应提高。Baskin（1987）认为具有大量投资机会的公司具有持有更多现金的动机以保持其竞争地位①。

对于拥有大量投资机会的公司而言，信息不对称也可能会影响他们的现金持有水平。因为管理层和外部投资者的信息不对称可能导致投资者对公司新发售的证券进行折价（Myers & Majluf，1984），当这种折价过多时，即使公司需要外部资金来从事净现值为正的投资项目，它也可能简单地选择放弃②。

9. 股利支付与现金持有水平

研究人员长期关注现金股利政策对公司现金持有调整趋势的影响。在权衡理论下，一般认为现金股利支付会对现金持有水平产生负的影响，这是因为支付现金股利的公司能够通过削减现金股利相对容易地积累资金（Ferreira & Vilela，2004；Opler et al.，1999）。然而，与此观点相反的是，Ozkan A 和 Ozkan N（2004）认为，由于担心现金不足难以支付预先承诺的现金股利，支付现金股利的公司会持有更多的现金。

① 持有超额现金也可以抵御一个公司的产品市场竞争。例如，英特尔公司在 20 世纪 90 年代早期利用超额现金持有水平奠定和维持了其行业领导地位。

② 例如，Ople 等人（1999）就建议信息不对称程度较高的公司应该持有较高水平的现金持有量。尤其是当公司存在较高水平的研发支出时更应该持有大量现金，因为这些支出很可能存在更为严重的信息不对称。

关于现金股利支付和现金持有水平之间的关系，在实证中并未得出较为明确的结论。Bates 等人（2009）发现，美国工业公司从 1980 年开始在长达 26 年的时间里其现金持有比例增长了一倍以上，他最终发现现金股利支付与现金持有水平有显著的关联，确认为负相关关系。然而，Ozkan A 和 Ozkan N（2004）发现，股利支付公司可能会持有较高水平的现金，因为它必须储备资金以应付未来的股利支付。这样，股利支付与现金持有水平正相关。程建伟等人（2007）的研究结果也发现，支付股利的公司持有更多的现金。他们认为现金持有为股利支付提供了物质基础，可以避免公司因现金短缺而面临削减或取消现金股利的窘境。

10. 资本性投资支出与现金持有水平

在权衡理论下，资本性投资支出与现金持有水平正相关。这是因为资本性投资支出往往对资金需求量很大，基于预防性动机，公司会持有大量的现金来减少筹资成本。但在融资优序理论下，资本性投资支出与现金持有水平负相关。按照 Bates 等人（2009）的观点，现金持有需要与借款能力负相关，因此资本性投资支出被认为能减少现金持有量[①]。同样地，Riddick 和 Whited（2009）认为既然资本性投资支出被看作财务困境和投资机会的潜在代理变量，因此有着更多资本性投资支出的公司会持有更少的现金。

在实证上，Bates 等人（2009）发现资本性投资支出和现金持有水平存在负相关关系的支持性证据，而 Opler 等人（1999）得出相反的结论，他们发现随着资本性投资支出的增加，现金持有水平也有着显著的提高。

此外，Opler 等人（1999）发现拥有多条产品线、库存水平较低及现金转换周期较短的公司往往现金持有量较少。同时，公司通过风险管理和现金管理活动，可以用金融衍生品来减少现金持有量。Kim 等

① 其逻辑关系是资本性投资支出改善或增加了公司新的资产，而这些资产在必要的时候可以被抵押，因此它们增强了公司的借款能力，从而减少了现金持有的必要性。

人（1998）发现公司现金持有水平与收益差距（如公司资产和国库券收益的不同）是负相关的。他们的研究证据表明，当实物资产收益率低于流动资产收益率时，公司倾向于持有更多的流动资产，如股票。

表 4-1 预测了在权衡理论和融资优序理论下各变量与现金持有水平之间的关系。从表中可以发现，两种理论预测符号并不完全一致。本章将基于成长性视角，通过实证检验结果来考察两种理论的适用性和解释力，为更好地指导成长性企业现金管理提出对策或建议。

表 4-1　现金持有影响因素变量与理论预测符号

变量	变量缩写	权衡理论	融资优序理论
企业规模	SIZE	–	+
盈利能力	ROA	–	+
现金流量	CFO	–	+
现金流量不确定性	VARCFO	+	–
财务杠杆	LEV	+/–	–
债务期限结构	MAT	–	–
现金替代物	CASHSUB	–	+
投资机会/成长性	GROWTH	+	+
现金股利支付	DIVDUM	+/–	
资本性投资支出	CAPEX	+	–

第二节　研究方法与数据

一、研究设计与变量定义

1. 变量定义

（1）因变量。本书以现金持有比例（CASHOLD）来衡量公司现金持有水平，并以其自然对数（LnCASHOLD）对影响现金持有水平的各个影响因素做相关和回归分析。其中，对现金持有比例的定义主要有三种：①现金持有量与净资产（总资产扣除现金）之比[①]；②现金持有量与总资产之比[②]；③现金持有量与销售收入之比[③]。相对而言，前两种方法区别不大，但应用更为普遍，为避免某些样本公司现金持有量过大造成现金与净资产之比大于1，本书采用了“现金与总资产之比”这一定义。

此外，关于现金持有量的定义，目前国内主要存在两种计量方法：①以货币资金加上短期投资来衡量[④]；②以货币资金、交易性金融资产和应收票据金额之和来衡量。由于2007年新的企业会计准则取消了短期投资这一报表项目，所以本书无法获取该数据。此外，作者认为，用交易性金融资产和应收票据来代替短期投资也有些欠妥[⑤]。

基于此，本书认为不应该采用资产负债表中的报表项目，而是应该采用现金流量表中的现金及现金等价物期末余额来衡量公司现金持有量。此时，现金持有比率计算公式：

CASHOLD = 现金及现金等价物/总资产

（2）解释变量。根据前面的理论分析，本书选取了除投资机会/成长性以外的其他解释变量[⑥]。此外，按照惯例，本书对企业规模以外的其他变量用总资产进行了标准化处理，以消除规模所带来的影响。各变量具体定义和计算如表4-2所示。

为了消除极端值的影响，本书采用Winsorize方法对各年度极端值（除现金股利支付哑变量外）进行处理，对所有小于1%分位数与大于99%分位数的变量，令其值分别等于1%分位数和99%分位数。

① 参见Opler等人，1999；Dittmar等人，2007；杨兴全和孙杰等，2006。

② 参见Kim等人，1998；Ozkan A和Ozkan N，2004；彭桃英和周伟等，2006。

③ 参见Kusnadi，2005；Harford，2006。

④ 参见张凤，2006；马军生，2007；王利刚，2007；等等。

⑤ 一般认为，现金资产包括狭义和广义两个概念。从狭义上来说，现金资产主要指货币资金，包括企业的库存现金和存于银行或其他金融机构的活期存款，以及本票和汇票存款等可以立即支付使用的交换媒介。从广义上来说，现金资产还包括现金等价物。现金等价物是指易于变现，且变现金额已知或确定的短期投资。因此，交易性金融资产，如股票等，其价值变动不确定性较大，因而不符合现金等价物特征。

⑥ 之所以不考虑该变量，是因为本书所选取的样本公司是按照成长性进行分组的，而在上一章成长性判定分析中，就用到很多财务指标来对成长性进行评价。因此，为避免内生性问题和多重共线性影响，作者剔除了该变量。

表 4–2　影响现金持有水平的公司财务特征变量

影响因素	变量名称	定义描述及计量
企业规模	资产规模（SIZE）	企业年末总资产的自然对数
盈利能力	资产回报率（ROA）	（利润总额－营业外收支净额＋当年费用化利息支出）/平均总资产
现金流量	现金流量（CFO）	（净利润＋折旧＋无形资产和其他资产摊销）/总资产
现金流量不确定性	现金流量的变异性（VARCFO）	t–2 至 t 年经营活动净现金流量的标准差
财务杠杆	资产负债率（LEV）	总负债的账面价值/总资产的账面价值
债务期限结构	长期负债与负债总额的比率（MAT）	长期负债/总负债
现金替代物	现金替代物（CASHSUB）	（流动资产－流动负债－现金及现金等价物余额）/总资产
现金股利支付	现金股利（DIVDUM）	为 0–1 哑变量，当年支付现金股利为 1；当年没有支付现金股利为 0
资本性投资支出	资本性支出（CAPEX）	（购建固定资产、无形资产和其他长期资产所支付的现金＋投资支付的现金＋取得子公司及其他营业单位支付的现金净额）/总资产

2. 回归模型的建立

根据理论分析和变量定义，本书采用以下回归模型来分析公司财务特征对现金持有水平的影响。在该回归模型中，加入了行业哑变量，以控制行业因素的影响。实证模型如下：

$$
\begin{aligned}
LnCASHOLD = \alpha &+ \beta_1 SIZE + \beta_2 ROA + \beta_3 CFO + \beta_4 VARCFO \\
&+ \beta_5 LEV + \beta_6 MAT + \beta_7 CASHSUB + \beta_8 DIVDUM \\
&+ \beta_9 CAPEX + \beta_{10m} \sum INDUSTRY_m + \varepsilon \qquad (4.1)
\end{aligned}
$$

二、样本选取与数据来源

根据上一章的样本选取原则，本章的研究样本分为三组：第一组是上一章经过筛选所获取的全样本（435 家公司），记作 Sa；第二组是高成长性样本公司（145 家），记作 SbH；第三组是低成长性样本公司（145 家），记作 SbL。观测区间为 2007~2012 年连续 6 年的混合数据，部分数据计算用到 2005 年之前的数据①。

① 在计算现金流量不确定性时，需要用到 t–2 至 t 年经营活动净现金流量的标准差，故需要用到现金流量表中 2005~2012 年的经营活动净现金流量数据。

本章的数据来源于 CSMAR 财务及市场交易数据库中的年度利润表、资产负债表以及现金流量表。

第三节 实证结果分析

一、现金持有水平的描述性统计分析

我们对样本公司的现金持有水平现状进行简单的描述性统计，包括区间分布情况、分年度和分行业的统计情况。同时，对全部 A 股非金融上市公司和三组样本公司的现金持有水平进行了比较分析。

1. 样本公司现金持有水平区间统计

表 4-3 和图 4-1 为现金持有水平的频数分布情况，从图表中可以看出，现金持有水平处于 5%~10%的样本公司最多（642 家），占样本总数的 24.6%；其次是 21.4%的公司（559 家），现金持有水平处于 10%~15%，此外，15.7%的公司（410 家）；现金持有水平处于 15%~20%，这三类总计占有 61.7%的公司（1611 家）现金持有水平处于 5%~20%，而现金持有水平超过 20%的样本公司数为 634 家，占到了样本总数的 24.3%。

表 4-3 样本公司现金持有水平的频数分布

现金持有水平分组	样本数	百分比（%）	累计百分比（%）
0.00~0.05	365	14.0	14.0
0.05~0.10	642	24.6	38.6
0.10~0.15	559	21.4	60.0
0.15~0.20	410	15.7	75.7
0.20~0.25	228	8.7	84.4
0.25~0.30	140	5.4	89.8
0.30~0.35	102	3.9	93.7
0.35~0.40	57	2.2	95.9
0.40~0.45	31	1.2	97.1

续表

现金持有水平分组	样本数	百分比（%）	累计百分比（%）
0.45~0.50	20	0.8	97.9
> 0.50	56	2.1	100.0
合计	2610	100.0	—

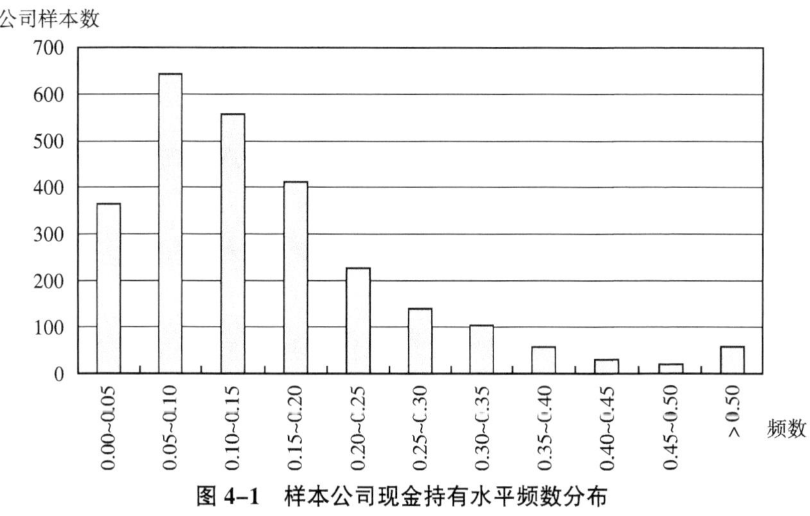

图 4-1 样本公司现金持有水平频数分布

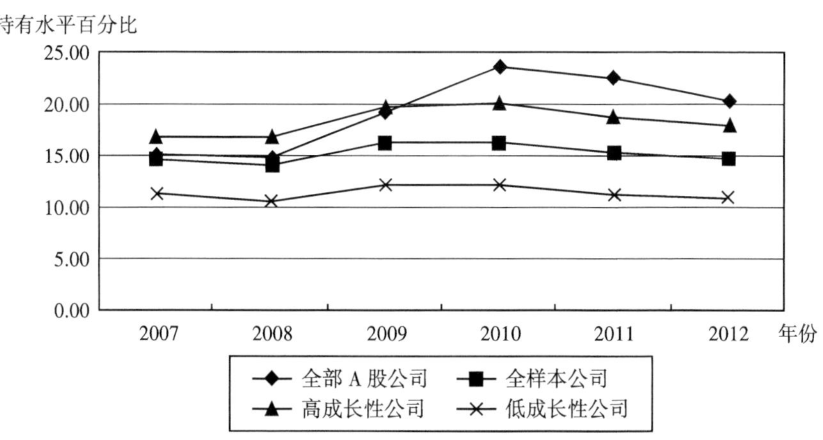

图 4-2 现金持有水平的年度变化趋势

2. 样本公司现金持有水平分年度的描述性统计

表 4-4 列出了 CSMAR 数据库非金融类全部 A 股上市公司和本章三组样本公司 2007~2012 年的实际现金持有水平统计分析，图 4-2 则

描述了现金持有水平的年度变化趋势。从图表中可以看出所有上市公司现金持有水平变化趋势趋同，表现为2008年现金持有水平均最低；2009年现金持有水平则有较大幅度的增长，说明全球金融危机使得所有上市公司加强了对资本流动性的管理；但随着危机的进一步缓解，现金持有水平均有不同程度的回落。在各年度现金持有水平上，全样本公司与全部A股上市公司相比，从2008年开始，现金持有水平差距逐渐扩大并趋于稳定，其原因可能主要是样本剔除了6年中在资本市场有融资（包括IPO和再融资）的公司。从表4-4中可以看出，从2009年开始，我国上市公司IPO数量迅速增长，而从2011年开始稳步回落。同时，2005年开始的大规模的股权分置改革，使得2006年上市公司再融资步伐得以启动，并逐渐进入上行期。

此外，从表4-4中可以看出，所有年度公司现金持有水平的均值都高于中位数，说明在各个年度，公司现金持有水平差距较大，部分公司现金持有水平偏高。而且，可以发现高成长性上市公司现金持有水平明显高于低成长性上市公司，2007~2012年，均值分别高出5.43%、6.23%、7.53%、7.83%、7.42%和6.99%，约平均高出6.91%。

表4-4 全部A股（非金融类）公司和样本公司的现金持有水平比较

年份		2007	2008	2009	2010	2011	2012
全部A股公司	均值（%）	15.05	14.81	19.19	23.64	22.50	20.39
	中位数（%）	11.48	11.45	14.22	16.66	16.20	15.10
	家数	1504	1572	1718	2069	2295	2428
全样本公司	均值（%）	14.71	14.08	16.31	16.32	15.35	14.72
	中位数（%）	11.33	11.62	13.44	13.57	12.29	11.75
	家数	435	435	435	435	435	435
高成长性样本公司	均值（%）	16.80	16.83	19.75	20.03	18.74	17.94
	中位数（%）	13.74	14.29	16.52	17.42	16.08	14.79
	家数	145	145	145	145	145	145
低成长性样本公司	均值（%）	11.37	10.60	12.22	12.20	11.32	10.95
	中位数（%）	9.81	9.73	10.59	10.45	9.85	9.55
	家数	145	145	145	145	145	145

3. 样本公司现金持有水平分行业的描述性统计

由于各个行业生产经营活动具有不同的特点，公司现金持有水平可能受到行业因素的影响。我们以 2001 年证监会发布的《上市公司行业分类指引》为基础，对样本公司的现金持有水平进行分类①。表 4-5 列出了样本公司现金持有水平的分行业分布状况。

表 4-5　样本公司现金持有水平的分行业分布状况

行业代码	行业名称	样本数	均值（%）	中位数（%）
A	农、林、牧、渔业	54	18.14	11.64
B	采掘业	54	12.87	11.81
C0	食品、饮料业	150	15.91	11.97
C1	纺织、服装、皮毛业	150	15.31	11.75
C3	造纸、印刷业	24	10.02	8.85
C4	石油、化学、塑胶、塑料业	228	12.89	10.13
C5	电子业	78	14.59	13.25
C6	金属、非金属业	150	9.92	8.43
C7	机械、设备、仪表业	324	13.78	11.60
C8	医药、生物制品业	240	17.66	14.08
C9	其他制造业	12	5.32	5.36
D	电力、煤气及水的生产和供应业	126	11.14	8.55
E	建筑业	42	15.73	11.19
F	交通运输、仓储业	132	14.09	10.45
G	信息技术业	150	22.36	21.19
H	批发和零售贸易业	300	19.76	17.18
J	房地产业	180	13.97	10.38
K	社会服务业	84	12.03	11.14
L	传播与文化产业	12	37.71	34.20
M	综合类	120	14.03	13.64

注：根据 2001 年证监会发布的《上市公司行业分类指引》进行分类，制造业分到次类。

以上现金持有水平的行业分布数据显示，样本公司现金持有水平均值最高的是传播与文化产业（L），其次为信息技术业（G），然后是批发和零售贸易业（H），其现金持有水平分别为 37.71%、22.36%和

① 除金融、保险业类（I 类）公司外，考虑到样本公司中制造业上市公司数量相对较多（占样本总数约 52%），我们将其归到次类，又因为样本中没有属于木材、家具行业（C2）的样本公司，故共划分出 20 个行业类别。

19.76%。这可能与2007年以后，这几个行业快速发展有关，所以其经营活动所产生的现金流量较高[①]；而现金持有水平均值最低的几个行业分别是其他制造业（C9）、金属和非金属行业（C6）、造纸和印刷行业（C3），其现金持有水平分别为5.32%、9.92%和10.02%。此外，行业间现金持有水平均值的标准差为6.45%，说明不同行业之间现金持有水平存在着一定程度的差异[②]。

二、模型各变量的描述性统计和相关性分析

1. 变量的描述性统计

从表4-6中可知，样本公司的平均现金持有比例为15.2%，高成长性样本公司的平均现金持有比例为18.4%，要高出低成长性样本公司7%左右，说明高成长性样本公司持有更多的现金。在自变量方面，除企业规模外，各变量的标准差都较小，说明各变量的分布较为集中，极端值对变量的影响得到了较好控制。财务杠杆变量的均值和中位数相近，说明资产负债率的分布基本上是对称的，几乎不存在偏移。债务期限结构指标数普遍偏低，均值不足13%，说明样本公司债务绝大部分都是由短期债务所构成，公司在债务融资中偏向于短期融资。现金替代物指标数极低且标准差较大，尤其是低成长性样本公司，其均值和中值为负数，说明样本公司现金替代物普遍偏少且分布不均。现金股利支付变量均值为0.56，尤其是高成长性上市公司的均值为0.75，说明大部分样本公司都会支付现金股利，其原因可能与监管层自2008年开始出台一系列规范与完善上市公司现金分红机制的政策相关，使得上市公司的分红意愿有所提高[③]。

① 在样本公司中，传播与文化产业上市公司仅有两家，分别是华文传媒（000793）、中视传媒（600088）。其中，中视传媒现金持有水平均值高达49.28%，造成该样本行业均值偏高。此外，尽管因样本太小而不具代表性，但从有关文献资料描述统计结果来看，该行业现金持有水平普遍偏高是个不争的事实。

② 这表明行业本身的财务特征，如资产规模、盈利能力、成长前景等差异对现金持有水平有较大影响，在样本公司现金持有水平影响因素回归分析中，必须考虑行业影响。

③ 见中国证券监督管理委员会令第57号《关于修改上市公司现金分红若干规定的决定》，发文日期2008年10月9日，http：//www.csrc.gov.cn/pub/zjhpublic/zjh/200904/t20090429_102872.htm。

表 4-6 各样本变量的描述性统计结果

	Sa			SbH			SbL		
	Mean	Median	Std.D	Mean	Median	Std.D	Mean	Median	Std.D
CASHOLD	0.152	0.124	0.114	0.184	0.154	0.129	0.114	0.100	0.073
LnCASHOLD	-2.162	-2.091	0.818	-1.968	-1.873	0.832	-2.399	-2.299	0.752
TA	38.171	21.716	5.132	48.091	26.003	6.700	31.869	20.192	3.954
SIZE	21.571	21.499	0.939	21.737	21.679	1.010	21.453	21.426	0.881
ROA	0.042	0.032	0.056	0.081	0.073	0.060	0.009	0.012	0.042
CFO	0.056	0.051	0.087	0.081	0.078	0.096	0.037	0.036	0.072
VARCFO	0.056	0.041	0.051	0.058	0.040	0.058	0.051	0.039	0.043
LEV	0.484	0.499	0.191	0.409	0.408	0.187	0.545	0.560	0.173
MAT	0.127	0.047	0.175	0.147	0.047	0.197	0.105	0.042	0.146
CASHSUB	0.028	0.073	0.571	0.118	0.160	0.571	-0.050	-0.006	0.480
DIVDUM	0.560	1	0.496	0.750	1	0.433	0.360	0	0.482
CAPEX	0.093	0.054	0.158	0.128	0.070	0.228	0.068	0.044	0.079

注：Sa 为全样本公司，SbH 为高成长性样本，SbL 为低成长性样本。CASHOLD 计算为现金及现金等价物除以总资产。LnCASHOLD 为 CASHOLD 的自然对数。TA 为企业年末总资产（单位：亿元）。SIZE 为 TA 的自然对数。ROA 为扣除营业外收支净额的利润总额与当年费用化利息支出之和除以总资产的平均数。CFO 为净利润、折旧、无形资产和其他资产摊销之和除以总资产。VARCFO 为当年及前两年 CFO 的标准差。LEV 为总负债的账面价值除以总资产的账面价值。MAT 为长期负债除以总负债。CASHSUB 为流动资产减去流动负债、现金及现金等价物的余额除以总资产。DIVDUM 为现金股利支付哑变量，当年支付则为 1；反之则为 0。CAPEX 为购建固定资产、无形资产和其他长期资产所支付的现金，投资支付的现金和取得子公司及其他营业单位支付的现金净额之和除以总资产。

通过各变量均值比较可以发现，高成长性样本公司的企业规模、资产回报率、现金流量、财务杠杆、债务期限结构、现金替代物、股利支付水平和资本性投资支出等指标均明显高于或优于低成长性样本公司。这说明高成长性企业无论在盈利能力、经营现金流量充足性、偿债能力、变现能力、股利支付能力和资本投资能力等方面均强于低成长性企业。在现金流量不确定性指标上，两者相差不大，总体上经营活动现金流量波动性相似。

2. 变量的相关性分析

在对变量进行回归分析之前，需要对各变量进行相关性分析，结果如表 4-7、表 4-8、表 4-9 所示。三张表分别提供了全样本、高成长性样本和低成长性样本各变量的 Pearson 和 Spearman-Rank 相关系数及其显著性检验。

表 4-7 全样本变量的相关性分析

N = 2610	LnCASHOLD	SIZE	ROA	CFO	VARCFO	LEV	MAT	CASHSUB	DIVDUM	CAPEX
LnCASH-OLD	1	-0.081**	0.269**	0.232**	0.030	-0.249**	-0.207**	-0.148**	0.148**	0.119**
		0.000	0.000	0.000	0.130	0.000	0.000	0.000	0.000	0.000
SIZE	-0.118**	1	0.119**	-0.002	-0.103**	0.375**	0.303**	0.096**	0.267**	-0.019
	0.000		0.000	0.910	0.000	0.000	0.000	0.000	0.000	0.336
ROA	0.325**	0.092**	1	0.329**	-0.014	-0.346**	-0.085**	0.145**	0.401**	0.140**
	0.000	0.000		0.000	0.464	0.000	0.000	0.000	0.000	0.000
CFO	0.242**	-0.018	0.353**	1	-0.066**	-0.106**	-0.068**	-0.022	0.148**	0.035
	0.000	0.359	0.000		0.001	0.000	0.001	0.258	0.000	0.076
VARCFO	0.072**	-0.058**	-0.012	-0.035	1	0.111**	-0.018	0.022	-0.044*	0.002
	0.000	0.003	0.548	0.075		0.000	0.361	0.252	0.023	0.925
LEV	-0.271**	0.389**	-0.348**	-0.119**	0.132**	1	0.232**	-0.138**	-0.134**	-0.199**
	0.000	0.000	0.000	0.000	0.000		0.000	0.000	0.000	0.000
MAT	-0.256**	0.367**	-0.114**	-0.069**	-0.044*	0.332**	1	-0.019	0.033	0.026
	0.000	0.000	0.000	0.000	0.025	0.000		0.341	0.091	0.185
CASHSUB	-0.432**	-0.062**	0.274**	-0.040*	0.180**	-0.427**	-0.140**	1	0.147**	0.022
	0.000	0.001	0.000	0.042	0.000	0.000	0.000		0.000	0.265
DIVDUM	0.149**	0.260**	0.462**	0.168**	-0.018	-0.131**	0.008	0.181**	1	0.087**
	0.000	0.000	0.000	0.000	0.358	0.000	0.679	0.000		0.000
CAPEX	0.034	0.077**	0.194**	0.155**	-0.162**	-0.143**	0.110**	-0.096**	0.130**	1
	0.079	0.000	0.000	0.000	0.000	0.000	0.000	0.000	0.000	

注：矩阵的右上半角和左半下角分别为 Pearson 相关系数和 Spearman 秩相关系数，相关系数下面为 p 值。** 表示在置信度双侧为 0.01 时，相关性是显著的；* 表示在置信度双侧为 0.05 时，相关性是显著的。

表 4-8 高成长性样本变量的相关性分析

N = 870	LnCASHOLD	SIZE	ROA	CFO	VARCFO	LEV	MAT	CASHSUB	DIVDUM	CAPEX
LnCASH-OLD	1	-0.065	0.256**	0.258**	0.014	-0.252**	-0.280**	-0.161**	0.146**	0.142**
		0.057	0.000	0.000	0.677	0.000	0.000	0.000	0.000	0.000
SIZE	-0.118**	1	0.064	-0.004	-0.164**	0.321**	0.316**	0.122**	0.253**	-0.093**
	0.000		0.061	0.918	0.000	0.000	0.000	0.000	0.000	0.006
ROA	0.298**	0.008	1	0.417**	-0.096**	-0.416**	-0.288**	0.149**	0.258**	0.076*
	0.000	0.808		0.000	0.005	0.000	0.000	0.000	0.000	0.025
CFO	0.292**	-0.011	0.474**	1	-0.052	-0.092**	-0.151**	-0.048	0.160**	-0.031
	0.000	0.756	0.000		0.123	0.007	0.000	0.160	0.000	0.359
VARCFO	0.055	-0.101**	-0.028	0.015	1	0.215**	-0.023	-0.155**	-0.118**	0.022
	0.107	0.003	0.416	0.661		0.000	0.491	0.000	0.001	0.523
LEV	-0.320**	0.319**	-0.426**	-0.099**	0.229**	1	0.355**	-0.163**	-0.139**	-0.215**
	0.000	0.000	0.000	0.003	0.000		0.000	0.000	0.000	0.000
MAT	-0.349**	0.360**	-0.331**	-0.182**	-0.033	0.442**	1	-0.030	-0.017	-0.076*
	0.000	0.000	0.000	0.000	0.326	0.000		0.375	0.623	0.026

续表

N = 870	LnCASHOLD	SIZE	ROA	CFO	VARCFO	LEV	MAT	CASHSUB	DIVDUM	CAPEX
CASHSUB	−0.540**	−0.057	0.291**	0.013	0.120**	−0.426**	−0.273**	1	0.192**	0.031
	0.000	0.096	0.000	0.710	0.000	0.000	0.000		0.000	0.363
DIVDUM	0.141**	0.237**	0.294**	0.186**	−0.046	−0.135**	−0.040	0.196**	1	0.055
	0.000	0.000	0.000	0.000	0.176	0.000	0.238	0.000		0.106
CAPEX	0.028	0.006	0.151**	0.126**	−0.239**	−0.212**	0.038	−0.089**	0.135**	1
	0.410	0.851	0.000	0.000	0.000	0.000	0.265	0.009	0.000	

注：矩阵的右上半角和左半下角分别为 Pearson 相关系数和 Spearman 秩相关系数，相关系数下面为 p 值。** 表示在置信度双侧为 0.01 时，相关性是显著的；* 表示在置信度双侧为 0.05 时，相关性是显著的。

表 4-9 低成长性样本变量的相关性分析

N = 870	LnCASHOLD	SIZE	ROA	CFO	VARCFO	LEV	MAT	CASHSUB	DIVDUM	CAPEX
LnCASH-OLD	1	−0.123**	0.169**	0.146**	−0.004	−0.083*	−0.187**	−0.135**	0.105**	0.074*
		0.000	0.000	0.000	0.915	0.015	0.000	0.000	0.002	0.029
SIZE	−0.137**	1	0.099**	−0.054	0.035	0.464**	0.283**	0.086*	0.257**	0.068*
	0.000		0.003	0.112	0.298	0.000	0.000	0.011	0.000	0.046
ROA	0.251**	0.057	1	0.068*	0.023	−0.097**	−0.001	0.075*	0.334**	0.110**
	0.000	0.093		0.044	0.506	0.004	0.968	0.027	0.000	0.001
CFO	0.130**	−0.056	0.142**	1	−0.052	−0.085*	0.006	−0.048	0.015	0.074*
	0.000	0.096	0.000		0.126	0.012	0.857	0.158	0.655	0.029
VARCFO	0.073*	0.060	−0.024	−0.030	1	0.125**	−0.033	0.106**	0.055	−0.002
	0.031	0.075	0.476	0.382		0.000	0.332	0.002	0.107	0.947
LEV	−0.085*	0.476**	−0.162**	−0.072*	0.120**	1	0.140**	−0.144**	−0.018	−0.085*
	0.013	0.000	0.000	0.033	0.000		0.000	0.000	0.598	0.012
MAT	−0.226**	0.316**	−0.088**	0.030	−0.028	0.244**	1	−0.103**	0.014	0.186**
	0.000	0.000	0.010	0.382	0.409	0.000		0.002	0.690	0.000
CASHSUB	−0.293**	−0.069*	0.148**	−0.150**	0.144**	−0.400**	−0.082*	1	0.101**	0.044
	0.000	0.043	0.000	0.000	0.000	0.000	0.015		0.003	0.191
DIVDUM	0.104**	0.245**	0.390**	0.057	0.049	−0.016	0.020	0.101**	1	0.085*
	0.002	0.000	0.000	0.095	0.151	0.636	0.549	0.003		0.012
CAPEX	0.052	0.092**	0.122**	0.114**	−0.058	−0.025	0.171**	−0.076*	0.092**	1
	0.127	0.006	0.000	0.001	0.087	0.464	0.000	0.024	0.007	

注：矩阵的右上半角和左半下角分别为 Pearson 相关系数和 Spearman 秩相关系数，相关系数下面为 p 值。** 表示在置信度双侧为 0.01 时，相关性是显著的；* 表示在置信度双侧为 0.05 时，相关性是显著的。

从表 4-7 可以看出，对于全样本而言，除了现金流量不确定性以外的其他财务特征变量与现金持有水平之间都显著相关，而且都在 1% 的水平上显著。现金持有水平与盈利能力、现金流量、现金替代物、现金股利支付、资本性投资支出显著正相关，与企业规模、财务杠杆和债务期限结构显著负相关。但从解释变量之间的相关关系来看，它们之间也存在一定的相关性，如盈利能力和现金股利支付相关性最高，其相关系数为 0.401，企业规模与财务杠杆相关性也较高，其相关系数为 0.375。因此，不能只看各变量之间的复相关系数，有必要控制其他变量之间的相关性，研究现金持有水平与各解释变量之间的偏相关关系，结果如表 4-10 所示。从表中我们可以得知，在控制其他变量对现金持有水平的影响后，企业规模与现金持有水平之间不再显著负相关，而现金流量不确定性与现金持有水平则呈现出较为显著的正相关关系（p 值为 0.013）。至于其他变量与现金持有水平之间的相关性则没有变化。

表 4-10　现金持有水平与各解释变量之间的偏相关关系

变量	Sa		SbH		SbL	
	偏相关系数	相应的 p 值	偏相关系数	相应的 p 值	偏相关系数	相应的 p 值
SIZE	-0.023	0.238	0.026	0.448	-0.125**	0.000
ROA	0.105**	0.000	0.018	0.589	0.133**	0.000
CFO	0.169**	0.000	0.207**	0.000	0.139**	0.000
VARCFO	0.049*	0.013	0.099**	0.004	0.000	0.997
LEV	-0.009**	0.000	-0.110**	0.001	0.052	0.124
MAT	-0.155**	0.000	-0.185**	0.000	-0.155**	0.000
CASHSUB	0.111**	0.000	0.134**	0.000	0.126**	0.000
DIVDUM	0.050*	0.011	0.059	0.086	0.076*	0.025
CAPEX	0.075**	0.000	0.108**	0.001	0.083*	0.014

注：Sa 为全样本，SbH 为高成长性样本，SbL 为低成长性样本。** 表示在置信度双侧为 0.01 时，相关性是显著的；* 表示在置信度双侧为 0.05 时，相关性是显著的。

从表 4-8 可以看出，对于高成长性样本而言，除了现金流量不确定性指标外，企业规模与现金持有水平负相关，但相关性不太显著（p = 0.057）。其他财务特征变量与现金持有水平的相关系数符号与全样本完全一致。但从解释变量之间的相关关系来看，它们之间也存在一定的相关性，如盈利能力和现金流量相关性最高，其相关系数为 0.417；和财务杠杆的相关系数也较高，其相关系数为-0.416。因此，也有必要控制其他变量之间的相关性，研究现金持有水平与各解释变量

量之间的偏相关关系，结果如表 4-10 所示。从表中我们可以得知，在控制其他变量对现金持有水平的影响后，企业规模、盈利能力与现金持有水平之间不再相关，而现金流量不确定性与现金持有水平则呈现出显著正相关关系，现金股利支付与现金持有水平之间正相关关系不够显著（p 值为 0.086）。至于其他变量与现金持有水平之间的相关性则没有变化。

从表 4-9 可以看出，对于低成长性样本而言，其相关性和全样本类似。但在控制其他变量对现金持有水平的影响后，财务杠杆与现金持有水平之间不再相关，而现金股利支付与现金持有水平之间的正相关关系减弱。至于其他变量与现金持有水平之间的相关性则没有变化。

3. 单变量分析

为了更好地观察三组样本中现金持有水平的各影响变量差异是否显著，本书对影响现金持有水平的各变量进行单变量分析。首先，我们按年计算出三组样本现金持有水平的四分位数，然后，分组计算出相关变量的均值和中位数，并对第一分位数与第四分位数的均值进行了 T 检验，结果如表 4-11、表 4-12 所示。

表 4-11　全样本现金持有水平由低到高四分位划分的单变量统计分析

变量	第一分位数	第二分位数	第三分位数	第四分位数	T 值
CASHOLD 范围	0.001~0.085	0.068~0.136	0.113~0.216	0.178~0.777	
CASHOLD	0.046 [0.046]	0.098 [0.099]	0.158 [0.158]	0.309 [0.278]	-60.000 (0.000)
LnCASHOLD	-3.227 [-3.082]	-2.332 [-2.317]	-1.853 [-1.846]	-1.228 [-1.285]	-71.880 (0.000)
SIZE	21.708 [21.678]	21.604 [21.584]	21.546 [21.475]	21.425 [21.252]	5.210 (0.000)
ROA	0.026 [0.019]	0.032 [0.026]	0.043 [0.034]	0.067 [0.054]	-13.640 (0.000)
CFO	0.034 [0.038]	0.045 [0.045]	0.049 [0.045]	0.095 [0.088]	-12.450 (0.000)
VARCFO	0.053 [0.039]	0.050 [0.039]	0.059 [0.044]	0.060 [0.043]	-2.290 (0.022)
LEV	0.530 [0.541]	0.522 [0.543]	0.493 [0.509]	0.389 [0.365]	13.480 (0.000)

续表

变量	第一分位数	第二分位数	第三分位数	第四分位数	T 值
CASHOLD 范围	0.001~0.085	0.068~0.136	0.113~0.216	0.178~0.777	
MAT	0.182 [0.102]	0.129 [0.059]	0.119 [0.044]	0.077 [0.005]	10.790 (0.000)
CASHSUB	−0.075 [−0.041]	−0.025 [0.018]	0.043 [0.110]	0.170 [0.265]	−6.930 (0.000)
DIVDUM	0.474 [0.000]	0.528 [0.000]	0.590 [1.000]	0.667 [1.000]	−7.150 (0.000)
CAPEX	0.072 [0.050]	0.085 [0.056]	0.086 [0.056]	0.130 [0.055]	−5.430 (0.000)

注：现金持有水平按年进行四分位划分，故各组 CASHOLD 范围有部分重叠。[ ] 中的数字为中位数，( ) 中的数字为第一与第四分位数各变量均值 t 检验的 p 值。

表 4–12　高、低成长性样本现金持有水平的单变量统计分析

变量	SbH			SbL		
	第一分位数	第四分位数	T 值	第一分位数	第四分位数	T 值
CASHOLD	0.058 [0.062]	0.361 [0.332]	−38.380 (0.000)	0.038 [0.039]	0.214 [0.194]	−42.160 (0.000)
LnCASHOLD	−3.024 [−2.780]	−1.061 [−1.102]	−36.180 (0.000)	−3.394 [−3.241]	−1.572 [−1.640]	−41.270 (0.000)
SIZE	21.926 [21.910]	21.615 [21.533]	3.150 (0.002)	21.687 [21.772]	21.312 [21.312]	4.180 (0.000)
ROA	0.064 [0.052]	0.106 [0.092]	−7.260 (0.000)	0.002 [0.007]	0.020 [0.019]	−4.800 (0.000)
CFO	0.055 [0.058]	0.127 [0.124]	−8.120 (0.000)	0.028 [0.031]	0.053 [0.048]	−3.530 (0.000)
VARCFO	0.051 [0.038]	0.059 [0.040]	−1.460 (0.146)	0.050 [0.035]	0.053 [0.040]	−0.810 (0.417)
LEV	0.466 [0.472]	0.310 [0.272]	9.170 (0.000)	0.572 [0.586]	0.525 [0.548]	2.710 (0.007)
MAT	0.225 [0.151]	0.067 [0.000]	8.270 (0.000)	0.153 [0.091]	0.079 [0.014]	4.890 (0.000)
CASHSUB	−0.018 [−0.002]	0.239 [0.371]	−3.670 (0.000)	−0.137 [−0.095]	−0.006 [0.087]	−2.280 (0.023)
DIVDUM	0.694 [1.000]	0.824 [1.000]	−3.210 (0.001)	0.315 [0.000]	0.455 [0.000]	−3.040 (0.003)
CAPEX	0.096 [0.073]	0.205 [0.068]	−4.020 (0.000)	0.059 [0.037]	0.074 [0.044]	−1.920 (0.055)

注：为节约篇幅，本表省略了第二和第三分位数各变量均值及中位数。SbH 为高成长性样本，SbL 为低成长性样本。[ ] 中的数字为中位数，( ) 中的数字为第一与第四分位数各变量均值 t 检验的 p 值。

从表 4-11 可以看出，对全样本公司而言，除现金流量不确定性外，其他各变量在第一分位数与第四分位数之间均存在显著差异，并都在 1%的水平上显著。企业规模较大、财务杠杆较高、长期债务较多的公司持有较少现金；相反，盈利能力较强、现金流量较高、现金替代物较多、股利支付比例和资本支出水平较高的公司持有较多的现金。

从表 4-12 可以看出，无论是高成长性还是低成长性样本，除现金流量不确定性以外，其他变量在第一分位数和第四分位数之间均存在显著差异。但在低成长性样本中，现金替代物和资本性投资支出变量在第一分位数和第四分位数之间差异不够显著，尤其是资本性投资支出变量，仅在 10%的水平上显著。

以上表明，除现金流量不确定性和资本性投资支出变量在不同分位差异不显著外，其他变量差异显著性较为明显。但是，仅对这些变量进行单变量分析，并不足以说明其对现金持有水平的影响方向，有必要通过进一步的回归分析来研究各变量对现金持有水平的具体影响。

三、多元回归结果分析

根据模型（4.1），我们对各组样本的混合数据采用逐步回归法进行多元回归，得到了如表 4-13 所示的分析结果。分析结果（1）未考虑行业的影响，在引入行业哑变量后，我们得到了分析结果（2）。可以看出，在控制行业影响后，各解释变量的解释能力有了较为显著的提高。从回归结果看，除现金流量不确定性这一变量以外，进入回归方程的其他各变量在不同样本中对现金持有水平的影响方向基本一致，但进入回归方程的变量数量和系数大小有一定的差异。

从各财务特征变量的回归系数上我们可以看出：无论是在 SbH 还是 SbL 中，现金流量、现金替代物和资本性投资支出这三个变量与现金持有水平正相关，且在 1%的水平上显著；债务期限结构这一变量与现金持有水平负相关，并在 1%的水平上显著。有所不同的是，财务杠杆与现金持有水平显著负相关，现金股利支付与现金持有水平显著正相关，但这种关系仅在高成长性样本中出现，而在低成长性样本中没有体现；相反，企业规模与现金持有水平显著负相关，盈利能力与现金持有水平显著正相关，这种关系仅在低成长性样本中出现，而在高成长性样本中不显著。

至于行业因素对现金持有水平的影响，根据其回归系数可以看出，各行业对现金持有水平的影响方向和系数大小不一，其中信息技术业、批发和零售贸易业在 SbH 和 SbL 中的虚拟系数均为正数，表明这两个行业的现金持有水平较高①，而农、林、牧、渔业在高成长性样本中的虚拟系数为正数，在低成长性样本中为负值，表明即使在同一行业中，公司现金持有水平也会随着企业成长性的差异而有不同影响。这种差异彰显出本书从成长性角度研究现金持有水平的重要意义，并从一个新的角度对现有的现金持有理论和实证文献进行补充和完善。

表 4-13　各样本回归结果（因变量 LnCASHOLD）

样本名	Sa		SbH		SbL	
	（1）	（2）	（1）	（2）	（1）	（2）
常数	-2.091	-2.165	-2.020	-2.163	-0.316	-0.611
	0.000	0.000	0.000	0.000	0.000	0.000
SIZE					-0.100	-0.091
					0.001	0.001
ROA	1.677	1.649			2.303	1.917
	0.000	0.000			0.000	0.001
CFO	1.574	1.634	1.923	2.120	1.354	1.463
	0.000	0.000	0.000	0.000	0.000	0.000
VARCFO	0.777		1.261			
	0.008		0.005			
LEV	-0.536	-0.614	-0.556	-0.688		
	0.000	0.000	0.000	0.000		
MAT	-0.738	-0.573	-0.793	-0.564	-0.814	-0.448
	0.000	0.000	0.000	0.000	0.000	0.010
CASHSUB	0.148	0.145	0.193	0.151	0.179	0.176
	0.000	0.000	0.000	0.001	0.001	0.000

① 从前表 4-5 可知，信息技术业、批发和零售贸易业的现金持有水平在行业分布中仅次于传播与文化业，排第二位和第三位，其均值分别为 22.36%和 19.76%。

续表

样本名	Sa		SbH		SbL	
	(1)	(2)	(1)	(2)	(1)	(2)
DIVDUM	0.076		0.131	0.161	0.115	
	0.020		0.034	0.008	0.036	
CAPEX	0.362	0.296	0.365	0.360	0.727	0.664
	0.000	0.001	0.002	0.001	0.021	0.025
Ha				0.765		-0.492
				0.001		0.014
Hc				0.146		
				0.033		
Hd						-0.350
						0.002
He				1.242		
				0.000		
Hg		0.562		0.710		0.605
		0.000		0.000		0.000
Hh		0.440		0.382		0.520
		0.000		0.001		0.000
Hj				0.387		
				0.000		
Hl		0.905				
		0.000				
Hm						0.334
						0.017
N	2610	2610	870	870	870	870
Adj-R^2	0.163	0.217	0.185	0.235	0.106	0.206

企业规模与现金持有水平负相关，但这种负相关关系仅在低成长性样本中显著，而在高成长性样本中不显著。按照权衡理论，现金持有存在规模经济，大规模的公司会比较小规模公司持有更少的现金。该理论认为，通过借贷获取资金所产生的费用与借贷规模不相关，表明此类费用是一个固定值。因此，小公司募集资金的成本相对较高，促使他们比大公司持有更多的现金。此外，人们普遍认为大公司因为多元化经营，陷入财务困境的概率更低，这些论据表明公司规模与现金持有负相关。对于大规模的低成长性企业而言，其经营环境和现金

流量已趋于相对稳定，因此，没有必要持有大量现金。而对于盈利状况较好的高成长性企业而言，其经营活动净现金流量较大，产生的现金盈余较多，因此其规模与现金持有水平之间的关系并不是十分明确。

盈利能力与现金持有水平正相关，但这种正相关关系仅在全样本和低成长性样本中显著，而在高成长性样本中并不显著，这与权衡理论中盈利能力与现金持有水平负相关的观点不一致。按照融资优序理论，由于信息的不对称，管理者往往掌握公司资产价值的真实信息，而外部投资者却难以对该信息做出正确的判断，导致公司证券的发行价格可能被人为地低估；这种低估使得公司融资成本太高而不得不放弃很多 NPV 为正值的投资项目，从而造成投资不足问题的可能大大增加①。因此，盈利能力与现金持有水平之间正相关。对于具有较强盈利能力的低成长性企业而言，其证券发行价格被低估的可能性更大。因此，公司会主动或被动地持有更多的现金以满足未来投资机会对资金的可能需求。而对于高成长性企业而言，其证券发行价格被低估的可能性较小，其面临的融资约束较弱。因此，两者之间的关系在统计上并不显著。

现金流量与现金持有水平正相关，且对所有样本而言，均在 1%的水平上显著。按照融资优序理论，现金流量被视作现金的来源，现金流量越多的公司，在满足其投资需求之后，就会将现金累积起来，以满足未来投资项目对资金的需求或应对可能的财务困境。按此逻辑，可以认为，现金流量越多，现金持有水平越高。

财务杠杆与现金持有水平负相关，但这种负相关关系仅在全样本和高成长性样本中显著，而在低成长性样本中并不显著。这与融资优序理论和代理理论的预期相一致。根据融资优序理论，现金持有量被看作留存收益与投资需求之间的"缓冲器"。当现金流量多时，用来

① 在这种情况下，公司在发放股利和满足投资需求后会把剩余资金积聚起来，而不会采用权益融资，因为其成本太高。

偿还债务或积累资金；反之，就举借债务或使用积累的现金，所以财务杠杆与现金持有水平之间负相关①。一般而言，我国上市公司资产负债率普遍较低，尤其是高成长性上市公司，因此，其因为债务硬性还款的压力较小，面临失败和破产的风险相对较低，无须持有过多的现金，财务杠杆与现金持有水平负相关。而对于低成长性企业而言，其资产负债率往往较高，一方面表明其财务困境成本较大；另一方面表明其举债能力较强，因此，财务杠杆与现金持有水平之间的关系并不明确。

债务期限结构与现金持有水平负相关，这种负相关关系在所有的样本中显著②。权衡理论认为，长期债务比例越高，说明短期债务所占的比重越低，公司面临近期还款的压力较小，公司不必持有较高水平的现金。同样，根据融资优序理论，由于信息不对称，企业债券发行价格折价程度往往较高，外部融资受限使得其短期债务比重较大，公司迫于还款压力不得不持有较多的现金。

现金替代物与现金持有水平正相关，这种正相关关系在所有的样本中在1%的水平上显著，这与权衡理论预期方向完全相反。根据权衡理论，现金替代物是指公司的非现金流动资产，在需要的时候，它们能快速变现产生现金。结果是拥有更多非现金流动资产的公司持有更少的现金。此外，这些非现金流动资产较其他资产能以更低的成本转换为现金，因此，企业需要这种流动性以避免现金短缺时不用依赖资本市场，其结果是公司预防性现金持有水平较低。而通过统计发现，我国上市公司现金替代物占总资产比例很低③，表明现金替代物的“替代”作用并不突出，现金替代物的增加更多地是由于现金持有量增加

---

① 代理理论则认为财务杠杆可被看作是一种契约机制，它能起到减少自由现金流量问题所产生的代理成本的作用。

② 本书所定义的债务期限结构是指长期债务占公司总负债的比例，而较多的文献采用的是短期债务占公司总负债的比例，因此，其与现金持有水平的相关性结论正好相反，特此说明。

③ 本书所定义的现金替代物为（流动资产－流动负债－现金及现金等价物）/总资产，在全样本中，现金替代物比例均值不足3%，低成长性样本中现金替代物均值为负数。

所带来的附加效果。因此，现金持有水平与现金替代物正相关，该结果否定了权衡理论而支持了融资优序理论的观点。

现金股利支付与现金持有水平正相关，这种正相关关系仅在高成长性样本中显著。一般认为，现金股利支付会对现金持有水平产生负影响，这是因为支付现金股利的公司能够通过削减现金股利相对容易地积累资金。然而，Ozkan A 和 Ozkan N（2004）及 Saddour（2006）发现，股利支付公司可能会持有较高水平的现金，因为它必须储备资金以应付未来的股利支付。这样，股利支付与现金持有水平正相关。杨兴全、孙杰（2006）和程建伟等（2007）的研究结果也发现，支付股利的公司持有更多的现金。他们认为，现金持有为股利支付提供了物质基础，可以避免因现金短缺而面临削减或取消现金股利的窘境。本书认为，由于 2000 年后我国资本市场加大了对上市公司再融资的管制，将再融资条件和现金股利分配挂钩①，使得有意申请配股或增发的上市公司主动或被动地增加了现金分红的比例和次数，迫于该种硬性约束不得不增加预防性现金持有。对于高成长性企业而言，其未来投资机会较多意味着资金的需求量较大，除留存现金外，增发配股也是获取所需资金的重要来源。因此，基于预防性动机，公司会持有较多现金。

资本性投资支出与现金持有水平正相关，这种正相关关系在所有的样本中显著。根据权衡理论，资本性投资较多的公司基于交易和预防性动机，会持有较多现金以应付未来的支出。因此，资本性投资支出与现金持有水平正相关。

通过以上八个变量对现金持有水平影响方向的分析，表 4-14 给出了不同成长性样本对权衡理论和融资优序理论预期方向的支持结论。

① 1999 年，我国证监会对原配股规定进行修订，发布了《关于上市公司配股工作有关问题的通知》；2000 年，在增发试点取得经验的基础上，发布了《上市公司向社会公开募集股份暂行办法》，规定关于上市公司申请配股或者增发必须满足近 3 年现金分红条件。同时，还发布了一系列配套文件，这些规范性文件对规范上市公司再融资行为发挥了重要作用。

从表中可以看出，两种理论在不同的成长性样本中都得到了程度不一的支持。其中，在高成长性样本中，各有四个指标支持权衡理论和融资优序理论；而在低成长性样本中，融资优序理论略显优势。总体比较，我们可以发现在高成长性样本中，很难得出哪种理论解释力更强的结论；但在低成长性样本中，融资优序理论得到了更多的实证结论支持。

在下一章计算公司超额现金持有水平时，本书将把表 4–13 模型（2）中各影响因素的回归系数代入公式（4.1），从而估算出正常的现金持有量，然后用现金持有实际量减去估计量，其差值代表公司超额现金持有水平。

表 4–14　各变量的支持理论

	高成长性样本	低成长性样本
SIZE	无	权衡理论
ROA	无	融资优序理论
CFO	融资优序理论	融资优序理论
LEV	权衡理论/融资优序理论	无
MAT	权衡理论/融资优序理论	权衡理论/融资优序理论
CASHSUB	融资优序理论	融资优序理论
DIVDUM	权衡理论	无
CAPEX	权衡理论	权衡理论

此外，在各样本的回归结果中，我们还估计出了标准化回归系数，如表 4–15 所示。由于各自的度量单位不同，所以未经标准化的回归系数的大小不能代表各解释变量对因变量影响的相对重要程度；但经过标准化后的回归系数就可以反映出解释变量在解释因变量变化中各自的相对重要程度，它的大小和正负可以反映出各变量引起现金持有水平变化的方向及数量的大小。

表 4–15　各变量的标准化回归系数

	全样本	高成长性样本	低成长性样本
SIZE			–0.106
ROA	0.112		0.108
CFO	0.175	0.245	0.141

续表

	全样本	高成长性样本	低成长性样本
LEV	-0.143	-0.155	
MAT	-0.123	-0.134	-0.087
CASHSUB	0.101	0.103	0.112
DIVDUM		0.084	
CAPEX	0.057	0.099	0.070

从表 4-15 我们可以看出，在高成长性样本中，现金流量对现金持有水平影响最大，其次是财务杠杆和债务期限结构，再次是现金替代物和资本性投资支出，最后是现金股利支付哑变量。在低成长性样本中，同样是现金流量对现金持有水平影响最大，其次是现金替代物，再次是盈利能力和企业规模，最后是债务期限结构和资本性投资支出。通过样本间的比较，我们可以得出如下结论：除现金流量外，其他财务特征变量对不同成长性上市公司现金持有水平有着不同程度的影响，存在着一定的差异性。

四、稳健性检验

在应用回归模型研究经济现象时，经常会遇到多重共线性问题，要得出科学客观的结论就必须恰当地解决该问题。从表 4-6 可以看出，影响现金持有水平的有些公司财务特征解释变量并非完全独立，如盈利能力与现金流量、现金股利支付之间往往相关性较高，应尽可能消除多重共线性可能带来的对回归系数估计的影响。

基于该考虑，本章在逐步回归过程中，对各样本的回归模型都进行了多重共线性诊断，全样本模型的方差膨胀因子都小于 1.5，高成长性样本模型的方差膨胀因子都小于 2.0，低成长性样本模型的方差膨胀因子都小于 1.3，说明在各样本模型中，变量之间的多重共线性并不是很严重。此外，本书还参考了国内外相关实证文献，选取了其他一些类似的财务特征影响变量进行回归分析，得到的结果与本章结论基本一致，限于篇幅未在此详细列出。

本章小结

本章分别以高成长性样本公司和低成长性样本公司为研究对象，探讨其公司财务特征对现金持有水平的影响，尝试通过实证和比较分析来检验不同成长性上市公司的现金持有更支持哪一种理论：权衡理论抑或融资优序理论。

本章从财务特征角度，对现金持有的影响因素进行了理论分析和预测，进而构建出一个回归模型用以分析其对现金持有水平的具体影响，通过逐步回归发现，对于所有样本公司而言，现金流量、现金替代物和资本性投资支出与现金持有水平正相关，而债务期限结构与其负相关，且相关性较为显著。企业规模、盈利能力在低成长性样本中与现金持有水平显著相关，但在高成长性样本中并不显著；相反，财务杠杆、现金股利支付对高成长性样本公司的现金持有水平有显著影响。需要注意的是，尽管影响方向一致，但除现金流量外，其他因素对不同样本公司的现金持有水平有着差异较大的影响。财务杠杆、债务期限结构对高成长性样本公司现金持有水平影响程度较大，而现金替代物、盈利能力和企业规模对低成长性样本公司现金持有水平往往具有较大的影响。

以上回归结果表明：上市公司成长性不同，其现金持有水平的影响因素不同，同一因素对现金持有水平的影响程度也存在差异。同时，通过比较发现，权衡理论和融资优序理论对我国上市公司现金持有水平都具有较强的解释力，虽然融资优序理论在低成长性样本公司中得到了略多一些的支持，但很难发现哪种理论具有更为明显的优势。

第五章　公司治理与超额现金持有水平

除了公司财务特征影响因素外，国内外已有的一些证据表明，公司治理也是影响现金持有水平尤其是超额现金持有水平的重要因素。公司治理理论认为，公司所有权与经营权的分离，导致管理层与股东之间、大股东与小股东之间存在着代理冲突，他们之间的利益分歧有时会通过管理层滥用公司的自由现金流量或大股东侵占高额现金表现出来。此外，我国特殊的制度背景，使得“一股独大”和“内部人控制”现象比较突出，股东权益缺乏有力保护。因此，本章拟从企业成长性角度出发，比较研究公司治理与超额现金持有水平的关系。

第一节　理论分析与预测

目前，关于公司治理对现金持有水平的具体影响因素反映在以下几个方面：

1. 股权结构

股权结构包括股权集中度和股权构成，即量和质两方面。因此，股权结构对现金持有水平的影响，可以从这两方面展开。

在股权分散的情况下，对于中小股东而言，其监督成本过高而收益不对等，存在监督不力和“搭便车”现象。因此，股权集中度的提高可以加强对管理层的监督和约束，避免内部人控制现象的出现，进

而可以控制自由现金流量和降低企业的现金持有水平。但 Shleifer 和 Vishny（1997）指出，在治理环境较差和股东保护程度不足的国家，代理问题更多体现于控股股东和中小股东之间的利益冲突。因此，随着股权集中度的提高，控股股东可能更多地基于自身利益去占有和控制更多的现金，并以牺牲中小股东的利益为代价，这时，企业现金持有水平反而会提高。

除了股权集中度，股权构成即股东的身份或特性对现金持有水平也有显著影响。国有股股东由于自身目标不明确以及自身存在的代理问题，往往缺乏监督的积极性，更有可能产生和管理层合谋的行为，形成内部人控制和侵害中小股东的现象。因此，国有股股权比例可能与企业的现金持有水平正相关。

Claessens 等人（2000）对东亚国家公司的股权构成进行研究，其发现大多数东亚国家的公司是家族商业团体，家族通常通过金字塔结构或交叉持股来维持公司的终极控制地位①。Almeida 和 Wolfenzon（2006）解释说，金字塔式的所有权结构对家族企业是有利的，因为回报和有利的融资都是基于股权结构。金字塔式的所有权结构比交叉持股在东亚国家更普遍（Claessens et al.，2000）。在金字塔式的所有权结构中，现金流权和控制权的分离导致激励效应和堑壕效应（Claessens et al.，2002）。激励效应的结果是确保没有代理冲突和没有经理人为个人利益持有现金余额的动机。

2. 管理层持股比例

所有权和控制权的分离是导致管理层和股东之间利益冲突的主要根源。增加管理层持股比例可以更好地协调经理人和股东的利益（Jensen & Meckling，1976）。高水平的现金储备给经理人提供了追求自身利益的自由裁量权，但却以牺牲股东利益为代价。Jensen（1986）

① 金字塔结构的公司通过所有权链条相互关联——公司 A 拥有公司 B，相应公司 B 拥有公司 C，在金字塔顶部拥有最终控制权的是一个家族。一个典型的有着金字塔所有权结构的企业集团的例子是丰隆集团，其在马来西亚和新加坡经营广泛，其终极控股股东是 Quek 家族（马来西亚丰隆）和 Kwek 家族（新加坡丰隆）。

认为，高的管理层持股比例可以减少现金流的代理问题。因此，管理层持股比例对现金持有的影响应该是负的。来自 Ozkan A 和 Ozkan N（2004）对英国公司研究的证据支持了该假设。

此外，Opler 等人（1999）采用三个管理层持股的哑变量来检验管理层持股对现金持有水平的影响，其检验建立在美国公司管理层持股与公司价值呈现“U”型关系的文献基础上①。他们发现，当公司内部所有权低于 5%时，往往持有更多的现金；而当公司内部所有权超过 5%时，往往持有更少的现金。他们得出这样的结论：内部所有权和现金持有量在管理层持股比例低于 5%时存在正相关关系是由于管理风险的规避。因此，当管理层持股比例较低时，管理层持股与现金持有水平正相关；当持股比例较高时，管理层持股与现金持有水平则负相关。

3. 董事会特征

董事会是内部治理机制的关键，它的主要功能是代表股东监督管理层的行为并确保与股东利益相关信息的正确性，从而维护股东的利益。董事会的有效性已被广泛研究，但以往的研究大多集中在董事会领导、董事会规模和董事会的独立性方面②。

关于董事会领导，由 Baliga 等人（1996）和 Tsui 等人（2001）所开展的研究表明，双重领导结构（首席执行官不兼任董事会主席）是一种比单人领导董事会更有效的控制机制。由此我们预测，两职分离的公司，其监督有效性较强，其现金持有量较少。

而董事会规模与公司治理及现金持有水平之间的关系并不明确。Jensen（1993）认为，在规模较大的董事会中，更多的人参与进来使得决策变得缓慢。Yermack（1996）、Eisenberg 等人（1998）以及 Mak 和 Kusnadi（2005）通过对美国、芬兰、新加坡和马来西亚上市公司样本的研究显示，董事会规模和公司价值（用托宾 Q 测度）之间成反比关系。实际上，小的董事会规模会提升公司价值。但 Harris 和 Raviv

① 见 Morck、Shleifer 和 Vishny，1988；Mc Connell 和 Servaes，1990。
② 见 John 和 Senbet，1998；Hermalin 和 Weisbach，2003。

(2005) 在其最优公司董事会控制模型中发现：当公司代理成本较高时，董事会规模较大且外部董事成员较多的公司，其治理效率更好①。由此可见，董事会规模与公司治理效率及现金持有水平之间的关系并不是单一的或明确的。

几项研究已经证明独立董事可以成为有效的监督者。Weisbach (1988) 发现，外部人控制的公司与内部人控制的公司相比，当业绩下降时，有更强的撤换不胜任首席执行官的趋向。一个原因是保护他们的声誉和维持他们在经理人市场的价值。其他的研究也表明，董事会独立性的增强会导致股东财富的增加，表现为，当宣告外部任命时，股票价格会有积极的反应 (Weisbach，1988)。这样的公司发生财务报表欺诈的概率更低 (Byrd & Hickman，1992)，它们的债务融资成本往往也较低 (Anderson et al.，2004)。但由于我国的独立董事大多数是由大股东推荐所产生，其发挥治理约束的能力往往不足，很难起到增加董事会独立性的作用。因此，我们预测独立董事所占比例与现金持有水平之间的负相关关系不够显著。

4. 收购/接管威胁

外部接管的威胁被认为是一个约束自利经理人的外部治理机制。与此同时，有着强势经理人的公司经常会制定很多反收购条款以避免公司成为目标。这些反收购条款为内部人提供了职位的安全性。当经理人做出有利于自身利益的决策而减少了股东财富时，这些条款保护经理人免遭因外部人接管而被替代的威胁。因此，以往文献一般认为，制定更多反收购条款往往表明股东保护程度较低。

代理理论认为，有关反收购条款对现金持有水平的影响有两种假设。从根本上讲，代理理论认为，外部收购威胁相当于一种惩罚机制，因为公司现金持有量高很可能成为收购目标 (Jensen，1986)。为了避免成为目标，持有高额现金的公司很可能制定反收购条款。Opler 等人

① Boone、Field、Karpoff 和 Raheja (2007) 年的实证研究也证实了他们的预测。

(1999) 为此做出反收购条款和现金持有水平正相关的假设，但他们没有发现实证证据。从更深层次讲，代理理论认为超额现金持有可能导致过度投资和减少股东财富的代理问题。这种观点反映的最重要证据是有损价值的收购活动。Harford (1999) 发现，现金充裕的公司更有可能尝试收购和合并后业绩下滑。几项研究表明现金持有量高的公司更可能尝试收购而不太可能成为收购目标 (Harford, 1999; Faleye, 2004)。因此，基于现金持有对收购的威慑效应，现金持有水平较高的公司更能抵御收购企图，这时现金持有和反收购条款之间存在着替代效应。

Harford 等人 (2008) 将公司治理与现金持有水平之间的关系总结为三种假说：财务弹性假说、现金花费假说和股东权力假说。Graham 和 Harvey (2001) 证实高层管理者更强调财务的灵活性。Jesen (1986) 之前也阐述了自由现金流量的增加与管理层和股东之间的代理冲突增长的关系。强势经理人偏向于积聚现金储备而不是把它们分发给少数股东。因此，财务弹性假说预测代理冲突和超额现金持有水平之间为正相关关系。

Richardson (2006) 认为，当公司存在自由现金流量供经理人自由处置时，他们更可能进行过度投资。现有的研究已经提供了现金充裕的公司经常从事价值毁灭活动的证据，如收购出价过高和不将过量的现金返还给股东[①]，这说明强势经理人更倾向于运用过量的现金扩充公司规模。这种现金花费假说预测代理冲突和超额现金持有水平之间为负相关关系。

Jesen 和 Meckling (1976) 以及 Myers 和 Majluf (1984) 已经深入讨论了债券持有人、管理层和外部股东之间由于信息不对称所产生的与外部融资相关的代理成本问题。持有足够的现金有助于缓解任何投资不足问题，而不必过于依赖外部资金。与此同时，它还可以使公司

① 见 Lang 等人，1991；Blanchard 等人，1994；Harford，1999。

因不能偿还债务而陷入财务困境的威胁最小化。因此，当少数股东拥有足够的权力管理经理人行为时，他们可以让经理人积累现金储备。这种股东权力假说预测代理冲突和现金持有水平之间为负相关关系。

之前的研究用代理成本解释公司现金持有量已经产生互相矛盾的结论。Dittmar 等人（2003）通过对 45 个国家公司现金持有水平的研究，强调了公司治理这一重要决定因素的作用。他们用 La Porter 的反制董事权力指数作为代理变量在全球范围公司样本内发现国家层面的投资者保护程度与现金持有水平负相关，即使各国资本市场发展程度不一，该种关系依然成立。

相反，Harford 等人（2008）通过使用美国公司样本发现了相反的结论。该结论表明，用较高的 G 指数值（Gompers et al.，2003）表示弱势股东权力的公司持有更少的现金余额。他们把这这种现象归因于美国治理机制更为低效的公司倾向于通过收购将现金迅速花费出去，这一发现支持现金花费假说。

在市场经济转型的大背景下，我国资本市场发展的初期并不是完全依靠市场力量，而是在一定行政力量干预下建立和发展起来的。很多上市公司都是通过国有企业改制经由行政力量推动而形成，并未真正建立起现代意义上的公司治理制度。特别是在股权分置改革之前，国有股（包括国有股和国有法人股）高度集中且不能上市流通，市场中普遍呈现出“一股独大”的现象。这种股权高度集中和非流通的特征，使得控股股东占用上市公司资金、侵占小股东利益的现象比较普遍。此外，国有股比重较大和所有者缺位使得内部人控制现象比较突出。管理层更多的是通过政府部门行政指令来配置，通过外部经理人市场选聘的比例较低，因此，其现金决策行为可能更多地出于自利动机。

因此，在我国特殊的制度背景条件下，代理冲突的表现形式与发达国家有所不同，对于我国来说，现金花费假设在现金持有决策上能对上市公司的现金持有水平进行更好的解释。

第二节　研究方法与数据

一、研究设计与变量定义

1. 变量定义

关于公司治理变量选取，国外学者（Harford et al，2006；Dittmar & Mahrt-Smith，2007）通常采用公司治理评价指数或机构投资者持股比例等指标来间接反映公司治理水平，而本书拟采用国内大多数研究所普遍采用的公司治理特征变量，如股权集中度、董事会特征等。各变量定义如下：

（1）因变量：超额现金持有水平（ExLnCASH）。本书将第四章表4-13模型（2）中各影响因素的回归系数代入公式（4.1），估算出正常的现金持有量，然后用现金持有实际量减去估计量，其差值代表公司超额现金持有水平。

（2）解释变量。根据前面的理论分析，本书选取了以下解释变量，其定义如表5-1所示。

表5-1　公司治理因素解释变量

影响因素	预期符号	变量计算	变量符号
股权集中度	+/-	第一大股东持股比例	CR
股权制衡度	-	第二至第五大股东持股比例之和/第一大股东持股比例	ZH
管理层持股比例	+/-	全部高级管理人员所持股份占全部股份的比例	MANAGER
民营控股股东性质	-	第一大股东的终极控股股东的类别为民营，取值为1；否则为0	PRIDUM
外资控股股东性质	-	第一大股东的终极控股股东的类别为外资，取值为1；否则为0	FORDUM
董事会规模	+/-	董事会理事成员的人数	LnDIR
独立董事比例	-	独立董事人数/董事会人数	INDIR
董事长和总经理两职合一状况	-	董事长兼任总经理，取值为1；否则为0	CEODUM

2. 回归模型的建立

根据理论分析和变量定义，建立公司治理变量与超额现金持有水平的回归模型：

$$ExLnCASH = \beta_0 + \beta_1 CR + \beta_2 ZH + \beta_3 MANAGER + \beta_4 PRIDUM + \beta_5 FORDUM + \beta_6 LnDIR + \beta_7 INDIR + \beta_8 CEODUM + \varepsilon \quad (5.1)$$

二、样本选取与数据来源

本章的研究样本为沪深两市非金融类 A 股上市公司，依据第三章的筛选原则，获取总样本 Sa（435 家公司）。根据研究目的，按成长性均值高低排序，选取前 135 家样本公司 SbH 和后 135 家样本公司 SbL 进行比较研究。观测区间为 2007~2012 年的混合数据，部分数据计算用到 2006 年前数据。

本章的数据主要来源于 CSMAR 中国上市公司研究数据库，包括上市公司股东研究数据库和上市公司治理结构数据库，部分数据来源于 CCER 治理数据库。

第三节 实证结果分析

一、模型各变量的描述性统计和相关性分析

1. 变量的描述性统计

表 5-2 提供了三组样本公司超额现金持有水平及公司治理变量的平均值、中值和标准差。从表 5-2 可以看出，全样本公司现金持有水平平均超出正常持有量约 4%，高成长性样本公司超额现金持有水平均值比低成长性样本公司高出 1.3%，说明高成长性样本公司无论在现金

持有水平的正常量还是超额量方面均高于低成长性样本公司。此外，从股权集中度、股权制衡度、外资控股股东所占比例来看，高成长性样本公司也高于低成长性样本公司。而就股权集中度、管理层持股比例、民营控股股东性质、外资控股股东性质、董事会规模、独立董事比例及董事长和总经理两职合一等指标，高成长性样本公司与低成长性样本公司并未存在明显的差异①。

表 5-2 研究相关变量的描述性统计

	Sa			SbH			SbL		
	Mean	Median	Std.D	Mean	Median	Std.D	Mean	Median	Std.D
ExCASH	0.039	0.020	0.096	0.031	0.015	0.104	0.018	0.009	0.062
ExLnCASH	0.092	0.184	0.726	0.001	0.110	0.722	0.006	0.093	0.666
CR（%）	33.639	31.720	14.605	33.814	30.326	15.069	33.866	32.830	13.360
ZH	0.491	0.296	0.515	0.569	0.385	0.534	0.423	0.232	0.468
MANAGER	0.011	0.000	0.059	0.013	0.000	0.054	0.012	0.000	0.067
PRIDUM	0.338	0.000	0.473	0.352	0.000	0.478	0.324	0.000	0.468
FORDUM	0.020	0.000	0.141	0.021	0.000	0.142	0.007	0.000	0.083
LnDIR	2.180	2.197	0.202	2.193	2.197	0.206	2.185	2.197	0.201
INDIR	0.360	0.333	0.049	0.360	0.333	0.049	0.360	0.333	0.049
CEODUM	0.120	0.000	0.322	0.118	0.000	0.323	0.115	0.000	0.319

注：ExCASH 为超额现金持有水平，ExLnCASH 为超额现金持有水平的自然对数。

2. 变量的相关性分析

表 5-3 和表 5-4 提供了全样本、高成长性样本和低成长性样本公司中各研究变量的 Pearson 相关性分析。从表 5-3 全样本研究变量相关性分析的结果看，仅股权集中度、外资控股股东性质与超额现金持有水平分别在 5%和 1%的水平上显著负相关。

表 5-4 分别对高成长性样本和低成长性样本公司研究变量进行相关性分析，研究发现：在高成长性样本中，股权制衡度、董事会规模和外资控股股东性质与超额现金持有水平分别在 5%和 1%的水平上显著负相关；在低成长性样本中，仅管理层持股比例这一变量与超额现

① 这也间接说明我国上市公司在公司治理特征方面具有较大的类似性，对超额现金持有水平的影响不太显著。之后的相关性分析和回归分析结果也证明了这一点。

金持有水平在1%的水平上显著负相关。而其他变量，如民营控股股东性质、独立董事比例及董事长和总经理两职合一状况与超额现金持有水平相关性都不显著。

表 5-3　研究变量的 Pearson 相关性分析

N = 2610	ExLnCASH	CR	ZH	MANAGER	PRIDUM	FORDUM	LnDIR	INDIR	CEODUM
ExLnCASH	1	-0.049*	0.023	-0.032	0.004	-0.136**	-0.004	0.009	-0.025
		0.012	0.245	0.103	0.843	0.000	0.836	0.651	0.201
CR		1	-0.604**	-0.105**	-0.352**	0.060**	0.044*	-0.102**	-0.088**
			0.000	0.000	0.000	0.002	0.025	0.000	0.000
ZH			1	0.236**	0.259**	-0.036	0.083**	0.010	0.031
				0.000	0.000	0.064	0.000	0.608	0.114
MANAGER				1	0.256**	-0.027	-0.014	-0.013	0.148**
					0.000	0.164	0.470	0.497	0.000
PRIDUM					1	-0.103**	-0.144**	0.142**	0.174**
						0.000	0.000	0.000	0.000
FORDUM						1	-0.009	-0.031	-0.044*
							0.631	0.112	0.024
LnDIR							1	-0.350**	-0.120**
								0.000	0.000
INDIR								1	0.044*
									0.023
CEODUM									1

注：** 和 * 分别表示双尾 t 检验值在 0.01 和 0.05 水平上统计显著。
全样本，2610 个样本观察值。

表 5-4　研究变量的 Pearson 相关性分析

N = 870	ExLnCASH	CR	ZH	MANAGER	PRIDUM	FORDUM	LnDIR	INDIR	CEODUM
ExLnCASH	1	-0.010	-0.078*	0.014	-0.050	-0.142**	-0.067*	0.022	-0.044
		0.765	0.021	0.690	0.144	0.000	0.048	0.514	0.190
CR	0.056	1	-0.656**	-0.180**	-0.373**	0.129**	0.126**	-0.072*	-0.087*
	0.100		0.000	0.000	0.000	0.000	0.000	0.035	0.010
ZH	-0.008	-0.584**	1	0.322**	0.359**	-0.022	-0.007	-0.015	0.068*
	0.824	0.000		0.000	0.000	0.513	0.829	0.664	0.046
MANAGER	-0.148**	0.035	0.036	1	0.285**	-0.033	-0.006	-0.015	0.227**
	0.000	0.300	0.294		0.000	0.324	0.866	0.651	0.000
PRIDUM	-0.048	-0.312**	0.263**	0.254**	1	-0.107**	-0.139**	0.152**	0.155**
	0.161	0.000	0.000	0.000		0.002	0.000	0.000	0.000
FORDUM	-0.003	-0.022	-0.071*	-0.013	-0.058	1	0.060	-0.079*	-0.053
	0.936	0.525	0.037	0.701	0.089		0.078	0.020	0.116

续表

N = 870	ExLnCASH	CR	ZH	MANAGER	PRIDUM	FORDUM	LnDIR	INDIR	CEODUM
LnDIR	0.001	0.036	0.122**	-0.030	-0.136**	0.061	1	-0.383**	-0.103**
	0.985	0.287	0.000	0.384	0.000	0.074		0.000	0.002
INDIR	-0.028	-0.088**	-0.038	-0.013	0.127**	0.051	-0.359**	1	0.053
	0.417	0.010	0.262	0.704	0.000	0.131	0.000		0.120
CEODUM	-0.029	-0.075*	0.037	0.173**	0.143**	-0.030	-0.121**	0.028	1
	0.394	0.027	0.281	0.000	0.000	0.376	0.000	0.408	

注：** 和 * 分别表示双尾 t 检验值在 0.01 和 0.05 水平上统计显著。
上三角为高成长性样本，包含 870 个样本观察值；下三角为低成长性样本，包含 870 个样本观察值。

3. 单变量分析

从各解释变量之间的相关关系来看，它们之间也存在着一定的相关性，而且大部分变量之间存在着较强的相关性，所以我们不能只看各个变量之间的复相关系数，应该在控制其他各个变量之间的相关性后，研究超额现金持有水平与各解释变量之间的偏相关关系，结果如表 5–5 所示。

表 5–5　超额现金持有水平与各解释变量之间的偏相关关系

变量	Sa		SbH		SbL	
	偏相关系数	相应的 p 值	偏相关系数	相应的 p 值	偏相关系数	相应的 p 值
CR	-0.041**	0.038	-0.068**	0.046	0.073**	0.032
ZH	0.000	0.985	-0.098***	0.004	0.041	0.225
MANAGER	-0.031	0.114	0.064*	0.061	-0.149***	0.000
PRIDUM	-0.015	0.450	-0.061*	0.073	0.007	0.826
FORDUM	-0.136***	0.000	-0.138***	0.000	0.004	0.900
LnDIR	-0.009	0.647	-0.062*	0.068	-0.021	0.531
INDIR	-0.001	0.963	-0.008	0.820	-0.027	0.424
CEODUM	-0.029	0.144	-0.061	0.072*	0.000	0.996

注：Sa 为全样本，SbH 为高成长性样本，SbL 为低成长性样本。***、** 和 * 分别表示在置信度双侧为 0.01、0.05 和 0.1 时，相关性是显著的。

从表 5–5 中我们可以得知，在控制其他变量对超额现金持有水平的影响之后，高成长性样本公司中股权集中度与超额现金持有水平之间负相关关系显著性增强，而董事会规模与超额现金持有水平之间的相关性减弱。此外，管理层持股比例、民营控股股东性质与超额现金

持有水平呈现出较弱的相关性。在低成长性样本中，股权集中度与超额现金持有水平之间呈现出较为显著的正相关关系。其他变量与超额现金持有水平之间的相关性则没有明显变化。

二、多元回归结果分析

采用模型（5.1），本书分别对全样本、高成长性样本和低成长性样本进行回归，结果见表 5-6，从表 5-6 回归结果来看，超额现金持有水平与公司治理变量在统计上多不显著相关。在高成长性样本中，股权制衡度、外资控股股东性质与超额现金持有水平在 1%的水平上显著负相关；股权集中度与超额现金持有水平在 5%的水平上负相关关系较为显著；董事会规模和董事长、总经理两职合一状况与超额现金持有水平负相关，但不够显著。在低成长性样本中，仅管理层持股比例这一变量与超额现金持有水平在 1%的水平上显著负相关。与高成长性样本不同的是，股权集中度与超额现金持有水平关系较为显著，却表现为正相关关系。

表 5-6　超额现金持有与公司治理的多元回归结果

	Sa	SbH	SbL
常数	0.297	0.869**	0.138
CR	-0.003**	-0.004**	0.005**
ZH	-0.001	-0.184***	0.074
MANAGER	-0.404	0.929*	-1.553***
PRIDUM	-0.025	-0.103*	0.012
FORDUM	-0.702***	-0.703***	0.034
LnDIR	-0.035	-0.235*	-0.077
INDIR	-0.014	-0.121	-0.396
CEODUM	-0.066	-0.139*	0.000
N	2610	870	870
Adj-R^2	0.020	0.034	0.019

注：***、** 和 * 分别表示在置信度双侧为 0.01、0.05 和 0.1 时，相关性是显著的。

股权集中度与超额现金持有水平负相关，这种负相关关系仅在全样本和高成长性样本中较为显著，而在低成长性样本中却表现为正相关。这说明股权集中度与超额现金持有水平之间，可能存在非线性单调关系。辛宇和徐莉萍（2006）的研究发现，股权集中度与超额现金水平之间，存在着显著的“U”型非线性关系。在股权相对分散的条件下，股东对管理层的监督动力不足，中小股东普遍存在“搭便车”行为，但随着持股比例的提高，大股东有较强的动力运用自己的投票权和影响力来影响和监督管理层，杜绝其自利行为，减少管理层所持有的自由现金流量，这时的股权集中度与超额现金持有水平呈负相关关系。而当股权集中度较高时，代理问题更多的表现为有控制权的大股东与中小股东的利益冲突，在公司决策时，控股股东能够通过其控制权把公司变为实现自身利益的工具，而这种决策很可能偏离全体股东利益，甚至侵害了中小股东利益。因此，随着股权集中度的提高，控股股东有动机和能力占用或转移上市公司的现金，增加他们控制的自由现金流量，从而导致超额现金持有水平较高。从表 5-2 可以发现，全样本和高成长性样本中股权集中度的中值较为显著地低于低成长性样本，因此出现股权集中度与超额现金持有水平在不同样本中正负相关不一致的情况。

股权制衡度与超额现金持有水平负相关，但这种负相关关系仅在高成长性样本中存在，并在 1%的水平上显著。从理论上来讲，股权制衡度主要反映少数几个大股东之间的制衡关系，起到互相监督和抑制掠夺的作用。当股权制衡度较低时，其他大股东对控股股东的内部牵制和干预能力较弱，且其参与公司治理的有效激励不足，导致控股股东侵害中小股东和公司利益的行为受到较少干预。当股权制衡度较高时，其他大股东有能力和动力对控股股东进行内部牵制和施加干预，从而有效抑制大股东掠夺行为，保护中小股东权益。因此，股权制衡度越高，控股股东受到的约束和干预就越多，股东对管理层的监督就越有效，大股东和管理者所控制的自由现金流量就越少。按此逻辑，股权制衡度与超额现金持有水平负相关。从表 5-2 可以发现，高成长性样本股权制衡度明显高于全样本和低成长性样本，因此，这种负相

关关系在该样本中较为显著。

管理层持股比例与超额现金持有水平负相关，但这种负相关关系仅在低成长性样本显著，而在高成长性样本中表现为正相关，但显著性较弱。这说明管理层持股比例与超额现金持有量之间呈现非线性的关系。当管理层持股比例较低时，增加管理层持股比例使得管理层和股东利益在一定程度上得以一致，激励管理层为股东利益最大化而行事。因此，公司超额现金持有水平会下降。但当管理层持股比例达到一定水平时，其对公司操控所获得的私人利益会超过股票中所获得的收益，这时公司的代理成本和自由现金流量成本会加大，超额现金持有水平会提高。从表 5-2 可以发现，样本公司管理层持股比例普遍很低，均不足 1.5%，说明样本公司普遍缺乏对管理层的股权激励。

控股股东性质与超额现金持有水平之间的关系存在着较大的不确定性。以国有股为例，其在公司治理中的作用有“帮助之手”和“攫取之手”两种观点。一方面，国有大股东由于“所有者缺位”问题，监督和控制内部管理者的动力和能力较弱，因此管理者会出于自利动机增加企业的超额现金持有。另一方面，国有大股东利益侵占的动机较其他性质的股东相对较弱，且国有股权性质有助于缓解信息不对称所带来的融资约束，因此会显著降低公司的超额现金持有水平。至于民营和外资控股公司，一般不存在“所有者缺位”问题，监督和控制内部管理者的动力和能力较强，尤其是外资股东，其投资意识可能更强，对所投资的公司监督和控制的能力相对较强，更有利于超额现金持有水平的降低。从高成长性样本中可以发现，外资控股股东比例显著高于低成长性样本，故外资控股股东性质与超额现金持有水平显著负相关，而民营控股股东比例差距则不明显。

董事会规模究竟是大好还是小好，独立董事监督的有效性以及董事长和总经理两职合一是好还是坏，从回归结果看不出统计的显著性。董事会规模与公司治理效率之间的关系并不是单向的，其对经理人滥用自由现金流量的抑制作用并不十分明确，对超额现金持有水平的影响存在不确定性。对于独立董事的有效性，由于我国引入独立董事制度的时间较短，且独立董事的选聘存在控股股东操纵的现象，因此，众多国内学者对独立董事的监督有效性持消极态度，并且从表 5-2 可以看出各样本公司的独立董事比例数值毫无区别，故不难理解其对超额现金持有水平几乎没有影响。而董事长和总经理两职合一是好是坏，从国内现有研究结果来看，普遍的观点是对公司治理没有影响，并且从表 5-2 也看不出各样本公司该指标数值的区别，故与超额现金持有水平之间的关系较为微弱。

总体来说，除高成长性样本外，本书在其他样本中均未发现较多公司治理变量与超额现金持有水平之间存在线性关系的显著证据。此外，本书还对公司治理变量与实际现金持有水平之间的线性关系进行了分析，回归结果类似，限于篇幅未详细介绍。

值得一提的是，本书认为不能由此得出公司治理对超额现金持有水平几乎没有影响的结论。原因有以下三点：①衡量公司治理的变量指标较多，其有效性也不同，特别是在我国特殊的制度环境背景下，公司治理的效力如何对超额现金持有水平产生影响存在较大的不确定性。②公司治理对公司资本结构、股利政策和投资决策往往有很大的影响，其对超额现金持有水平的影响很大程度上已经被公司的财务杠杆、现金股利支付和资本性投资支出等影响因素捕获，这从两个模型中的 R^2 可以得到反映，在考虑公司财务特征影响因素时，模型的解释能力大概在 20%，而当考虑公司治理变量对超额现金持有水平的影响时，模型的解释能力很弱，即不足 4%。也就是说，公司治理变量并不直接对现金持有量产生影响，而是通过公司财务决策产生影响而间接影响现金持有水平。③一些公司治理变量，如股权集中度、管理层持股比例等，与超额现金持有水平之间可能存在非线性单调关系，因此，其与超额现金持有水平之间的线性关系并不显著或相互矛盾。

本章小结

本章主要研究公司治理对超额现金持有水平的影响，选取了超额现金持有水平因变量和股权集中度、股权制衡度、管理层持股比例、民营控股股东性质、外资控股股东性质、董事会规模、独立董事比例以及董事长与总经理两职合一状况八个解释变量。通过统计描述，我们可以发现，高成长性样本公司在现金持有水平的正常量和超额量方面均高于低成长性样本公司，且其股权制衡度、外资控股股东所占比例也高于低成长性样本公司。至于其他变量，高成长性样本公司与低成长性样本公司并未存在明显区别，这也间接说明了公司治理特征存在较强的类似性，对超额现金持有水平的影响不太显著。这一点通过线性回归模型的实证结果也得到了验证，超额现金持有水平与公司治理变量在统计上多不显著相关。在高成长性样本中，仅股权制衡度、外资控股股东性质与超额现金持有水平显著负相关；而在低成长性样本中，仅管理层持股比例这一变量与超额现金持有水平显著负相关。此外，模型的整体解释能力很弱，说明了公司治理对超额现金持有水平并未产生直接影响。

第六章　不同成长性上市公司现金持有动态调整行为比较

第一节　理论分析与预测

第四章和第五章分别从财务特征和公司治理两个角度探讨和分析了上市公司现金持有水平的影响因素，实证分析了各影响因素的符号和显著程度，并通过静态权衡理论、融资优序理论及代理理论进行一定程度的实证结果分析，从而对理论进行检验。但这些检验大多采用静态模型，动态分析比较少。对于处在转型阶段的我国上市公司而言，其现金持有水平始终处于不断的动态调整过程中，市场化改革、产品市场竞争、货币政策变化等因素对现金持有水平的影响日益加强。这些现金持有水平的变化，已不能简单地从企业内部特征进行静态分析，而应该从动态的角度研究现金持有的动态调整速度、调整形态及深层次原因。

通过对国内外现金持有动态调整实证文献的研究，本书预期可以得出以下结论：①企业最优现金持有水平确实存在。②由于资本市场的非完备性，企业的实际现金持有水平经常在最优现金持有水平区域波动，并且由于调整成本的存在，其调整速度有快有慢。③现金持有动态调整模型对现金持有水平变化的解释力比静态权衡模型更高，更加符合企业现金持有水平调整的实际情况。④企业现金持有的调整速

度不仅受企业规模、投资机会及财务杠杆等企业财务特征因素的影响，而且同时也受到公司治理和宏观经济变量的影响。

基于以上预测，本书通过借鉴 Ozkan A 和 Ozkan N（2002）与 Guney 等人（2003）所构建的现金持有动态调整模型，来验证样本公司是否存在最优现金持有水平，并估计其实际现金持有量向目标水平调整的速度。同时，本书对 Opler 等人（1999）的一阶差分自回归模型进行改进，研究样本公司现金持有的动态调整形态。

第二节　模型设计

一、现金持有动态调整速度模型

研究企业现金持有的调整速度，首先要解决的问题就是公司目标现金持有水平的确定。虽然无法直接掌握公司目标现金持有水平，但根据第四章表 4-13 模型（2）中各影响因素的回归系数，可以估算出目标现金持有水平，即：

$$\begin{aligned} LnCASHOLD^*_{it} = \alpha &+ \beta_1 SIZE_{it} + \beta_2 ROA_{it} + \beta_3 CFO_{it} + \beta_4 VARCFO_{it} \\ &+ \beta_5 LEV_{it} + \beta_6 MAT_{it} + \beta_7 CASHSUB_{it} + \beta_8 DIVDUM_{it} \\ &+ \beta_9 CAPEX_{it} + \beta_{10m} \sum INDUSTRY_m + \varepsilon_{it} \end{aligned} \quad (6.1)$$

其中，$LnCASHOLD^*$ 表示企业的目标现金持有水平；SIZE 为企业总资产的自然对数；ROA 为扣除营业外收支净额的利润总额与当年费用化利息支出之和除以总资产的平均数；CFO 为净利润、折旧、无形资产和其他资产摊销之和除以总资产；VARCFO 为当年及前两年 CFO 的标准差；LEV 为总负债的账面价值除以总资产的账面价值；MAT 为长期负债除以总负债；CASHSUB 为流动资产减去流动负债、现金及现金等价物的余额除以总资产；DIVDUM 为现金股利支付哑变量，当年支付为 1，反之则为 0；CAPEX 为购建固定资产、无形资产和其他长期资产所支付的现金、投资支付的现金和取得子公司及其他营业单位支付的现金净额之和除以总资产；INDUSTRY 是行业控制哑变量；ε 为干扰项。

由于资本市场的非完备性，以及现金持有调整成本的存在，企业在现金持有动态调整过程中很可能会延期，因此，实际值往往会与最优值不一致[①]。本书借鉴 Ozkan A 和 Ozkan N（2002）的动态现金持有调整模型，估计企业的现金持有调整速度。调整方程表示为：

$$LnCASHOLD_{it} - LnCASHOLD_{i,t-1} = \lambda(LnCASHOLD^{*}_{it} - LnCASHOLD_{i,t-1}) \tag{6.2}$$

其中，$LnCASHOLD^{*}_{it} - LnCASHOLD_{i,t-1}$ 是对目标调节所需的调节量，λ 代表调整系数（或调节成本），反映企业向目标现金持有水平调整的速度，$0 \leqslant \lambda \leqslant 1$。若 $\lambda = 1$，表示企业可以即时调整现金持有量，调节成本忽略不计；若 $\lambda = 0$，则表示企业无法改变其既有的现金持有量，调节成本太高。

将式（6.1）、式（6.2）合并可得到：

$$\begin{aligned} LnCASHOLD_{it} = {} & \gamma_0 + \gamma_1 LnCASHOLD_{i,t-1} + \gamma_2 SIZE_{it} + \gamma_3 ROA_{it} \\ & + \gamma_4 CFO_{it} + \gamma_5 VARCFO_{it} + \gamma_6 LEV_{it} + \gamma_7 MAT_{it} \\ & + \gamma_8 CASHSUB_{it} + \gamma_9 DIVDUM_{it} + \gamma_{10} CAPEX_{it} \\ & + \gamma_{11} \sum INDUSTRY_m + \mu_{it} \end{aligned} \tag{6.3}$$

其中，$\gamma_1 = 1 - \lambda$，$\gamma_2 = \lambda\beta_k$，$\mu_{it} = \lambda\varepsilon_{it}$。

二、现金持有动态调整形态模型

Opler 等人（1999）假定公司存在目标现金持有水平，其现金持有量不会升高或降低太多，而是围绕某一目标值或均值上下波动。基于该假设，他们构建了一个公司实际现金持有量与目标现金持有量之间的一阶差分自回归调整模型。模型公式为：

---

① 也就是说，企业将根据自己的现金持有水平对现金持有进行跨期分阶段持续调整，力图靠近目标现金持有区间。因此，存在不同的调整速度和调整形态等特征。

$$\Delta CASH_{it} = \alpha + \beta \Delta CASH_{i,t-1} + \varepsilon_{it} \quad (6.4)$$

其中，$\Delta CASH_{it}$ 表示 i 公司第 t 期较上一期现金持有水平的变化值。按照 Opler 假定，公司目标现金持有水平均值为静态水平值，而实际现金持有量会围绕该均值上下波动，并回归于该均值，如图 6-1 所示。从图中可以看出，相邻期 $\Delta CASH_{it}$ 的符号相反，也就是模型（6.4）中的回归系数 β 值显著为负。但从动态的角度看，公司目标现金持有水平具有时变性应为一非水平值，假设其呈递增规律，如图 6-2 虚线所示，而实际现金持有水平变化情况还是围绕最优值呈现上下波动，并回归于该值，则可能出现因为相邻期 ΔCASHit 持续为正而导致回归系数 β 为正值的现象。

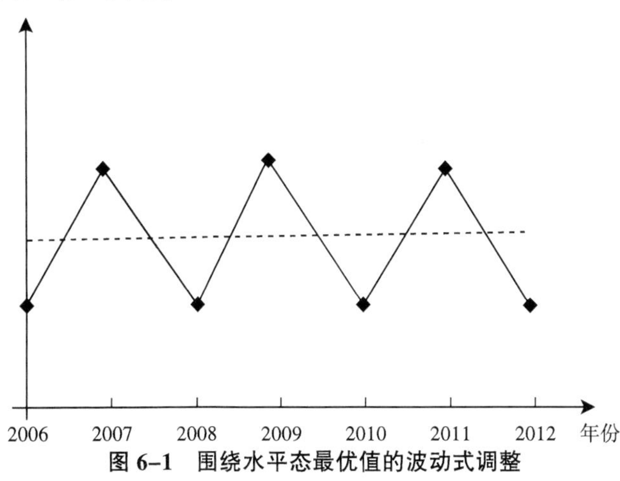

图 6-1　围绕水平态最优值的波动式调整

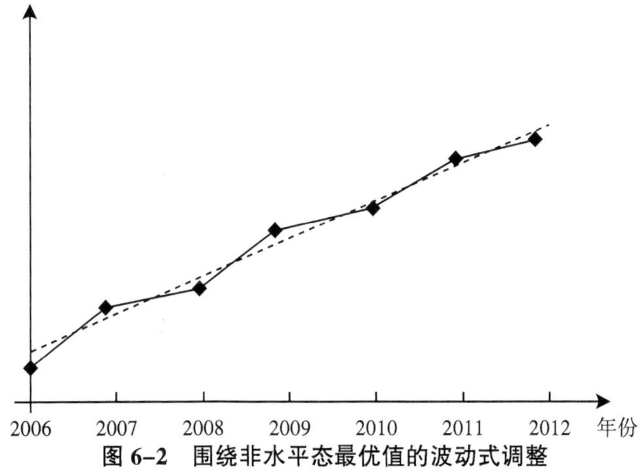

图 6-2　围绕非水平态最优值的波动式调整

图 6-1 和图 6-2 都满足 Opler 模型的动态调整假定，当现金持有最优值的形态由水平转为非水平态时，模型回归系数 β 可能由负号转为正号。因此，仅仅通过 β 值的正负难以得出公司现金持有水平存在动态调整并收敛于均值的论断，也说明了 Opler 模型对目标现金持有水平的静态假定存在着较大的局限性。因此，本书根据 Ozkan A 和 Ozkan N（2002）的思想，对 Opler 模型进行了改进，以此适应各种不同的最优形态。该改进模型如下：

$$LnCASHOLD_{it} - LnCASHOLD^{*}_{it} = \theta(LnCASHOLD_{i,t-1} - LnCASHOLD^{*}_{i,t-1}) \quad (6.5)$$

该模型与 Ozkan A 和 Ozkan N 模型原理相同，都是先估算出公司最优或目标现金持有水平，然后用实际现金持有水平相减得到差值。这样，只要实际值确实围绕该值呈现波动式调整，而不管该值呈现出哪种变化形态或规律，相邻差值必然正负相反，进而 θ 值必定为负数。因此，可以得出公司现金持有水平存在动态调整并收敛于均值的论断。

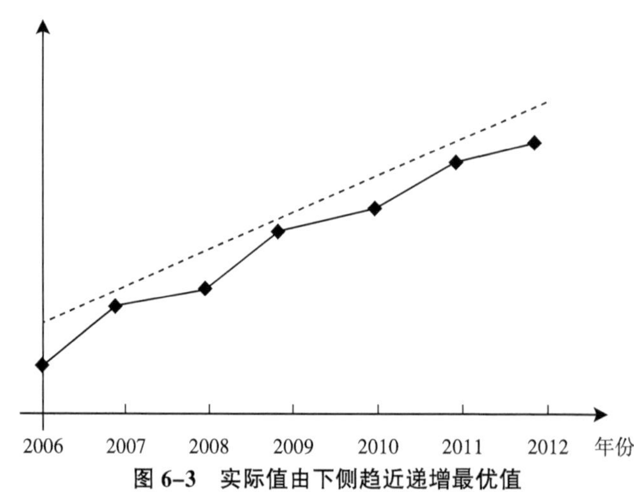

图 6-3　实际值由下侧趋近递增最优值

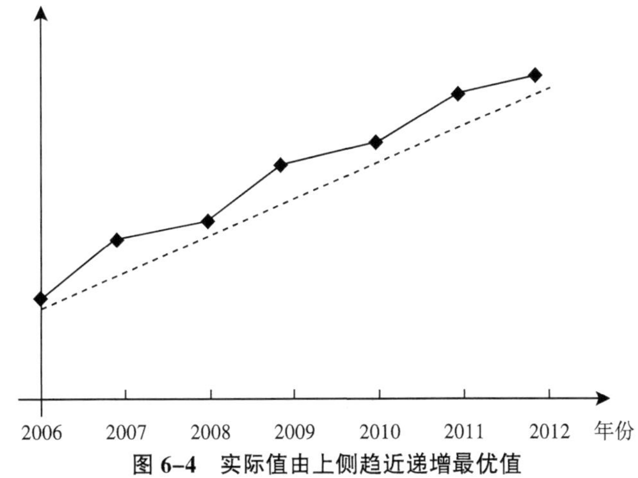

图 6-4 实际值由上侧趋近递增最优值

然而，现实中上市公司现金持有水平不仅会偏离目标或最优值，还有可能会持续单方向调整，也就是实际值会始终徘徊在最优值的某一侧，接近或又游离于最优值，这时候的 θ 值会出现正数，如图 6-3 和图 6-4 所示。图 6-3 表示现金持有实际值始终低于最优值，在最优值下侧持续单方向调整；图 6-4 表示现金持有实际值始终高于最优值，在最优值上侧持续单方向调整。

综上所述，改进模型（6.5）具有两个优点：①模型的适用性较强，无论目标现金持有水平呈现哪种变化形态和规律，模型皆有效；②公司现金持有的动态调整具体形态可依据模型 θ 值的符号来判断，也就是说，当 θ 为负值时，表明实际值围绕最优值呈现波动式调整；当 θ 为正值时，实际值相对最优值进行持续多期的单方向调整。

将公式（6.1）和（6.5）合并可得到该改进模型的具体公式：

$$\begin{aligned}LnCASHOLD_{it} = {} & \eta_0 + \theta LnCASHOLD_{i,t-1} + \eta_1 SIZE_{i,t-1} + \eta_2 ROA_{i,t-1} \\ & + \eta_3 CFO_{i,t-1} + \eta_4 VARCFO_{i,t-1} + \eta_5 LEV_{i,t-1} + \eta_6 MAT_{i,t-1} \\ & + \eta_7 CASHSUB_{i,t-1} + \eta_8 DIVDUM_{i,t-1} + \eta_9 CAPEX_{i,t-1} \\ & + \eta_{10} SIZE_{it} + \eta_{11} ROA_{it} + \eta_{12} CFO_{it} + \eta_{13} VARCFO_{it} + \\ & \eta_{14} LEV_{it} + \eta_{15} MAT_{it} + \eta_{16} CASHSUB_{it} + \eta_{17} DIVDUM_{it} \\ & + \eta_{18} CAPEX_{it} + \eta_{19} \sum INDUSTRY_m + \omega_{it} \qquad (6.6)\end{aligned}$$

第三节 实证结果分析

一、不同成长性上市公司现金持有动态调整速度比较

根据模型（6.3），采用 OLS 分析法，得出现金持有的动态调整速度估计结果如表 6-1 所示，其中，模型（1）未包括行业哑变量，在加入行业哑变量来控制行业影响后得到了模型（2）的结果。从表 6-1 的实证分析结果看出，模型调整后的拟合度都在 60%左右，模型的整体拟合效果都比较好。对于高成长性样本公司，上一期现金持有量（$LnCASHOLD_{i,t-1}$）、现金流量（CFO）与现金持有水平正相关，财务杠杆（LEV）与现金持有水平负相关。对于低成长性样本公司，上一期现金持有量（$LnCASHOLD_{i,t-1}$）、盈利能力（ROA）、现金流量（CFO）、现金替代物（CASHSUB）都与现金持有水平正相关，企业规模（SIZE）、现金流量不确定性（VARCFO）、资本性投资支出水平与现金持有水平负相关。同时，两组样本公司确实存在目标现金持有量。

至于动态调整速度，在高成长性样本中，上一期现金持有量（$LnCASHOLD_{i,t-1}$）的回归系数估计值为 0.644，且达到 1%的显著性水平，与预期一致，由此推导出动态调整速度 λ 为 1-0.644=0.356；在低成长性样本中，上一期现金持有量（$LnCASHOLD_{i,t-1}$）的回归系数估计值为 0.671，也达到 1%的显著性水平，与预期一致，由此推导出动态调整速度 λ 为 1 - 0.671 = 0.329。两相比较，可以发现高成长性样本公司较低成长性样本公司的现金持有动态调整速度更快一些。

而 Ozkan A 和 Ozkan N（2002）的研究结果表明，英国公司在 1984~1999 年的动态调整速度 λ 为 0.605；Guney 等人（2003）的研究结果表明，1983~2000 年，德国、法国和日本的公司的现金持有调整

速度都在 0.5 左右。尽管存在时间差异，但通过数据比较可以在一定程度上反映出我国上市公司对目标现金持有水平的调整速度较慢。这也可以进一步解释为，我国上市公司融资成本较高，加上融资约束，使得其流动性资产较难通过资本市场得到及时配置，因此，其实际现金持有水平难以达到最优，同时由于调整成本的存在，每期仅能部分调整（如高成长性样本公司和低成长性样本公司每期仅完成最优调整量的 35.6%和 32.9%），调整速度较慢。这也造成了我国上市公司现金持有调整存在滞后性，呈现持续性单方向调整的特殊现象。这种特殊形态，明显异于国外研究所得的结果。

表 6-1 现金持有的动态调整速度 OLS 估计

样本名	SbH		SbL	
	（1）	（2）	（1）	（2）
常数	-0.799	-0.943*	0.508	0.289
$LnCASHOLD_{i,t-1}$	0.668***	0.644***	0.702***	0.671***
$SIZE_{it}$	0.010	0.013	-0.059**	-0.053**
ROA_{it}	-0.621	-0.503	1.585***	1.452***
CFO_{it}	2.087***	2.200***	2.051***	2.062***
$VARCFO_{it}$	0.467	0.190	-0.810**	-0.882**
LEV_{it}	-0.285**	-0.342**	0.094	0.098
MAT_{it}	-0.202*	-0.171	-0.238*	-0.144
$CASHSUB_{it}$	0.059*	0.051	0.079**	0.089**
$DIVDUM_{it}$	-0.059	-0.030	0.027	0.016
$CAPEX_{it}$	-0.046	-0.043	-0.703***	-0.658**
N	870	870	870	870
Adj-R^2	0.583	0.586	0.575	0.581

注：***、** 和 * 分别表示双尾 t 检验值在 0.01、0.05 和 0.1 统计上水平显著。

二、不同成长性上市公司现金持有动态调整形态比较

根据模型（6.6），采用 OLS 分析法，得出现金持有的动态调整形态估计结果，如表 6-2 所示，其中，模型（1）未包括行业哑变量，加入行业哑变量来控制行业影响后得到了模型（2）的结果。从表 6-2 的实证结果可以看出，模型调整后的拟合度都在 60%左右，模型的整体

拟合效果都比较好。在高成长性样本中，上一期现金持有量（$LnCASHOLD_{i,t-1}$）的回归系数估计值 θ = 0.643，在 1%的水平上统计显著，与预期一致；在低成长性样本中，上一期现金持有量（$LnCASHOLD_{i,t-1}$）的回归系数估计值 θ = 0.690，也在 1%的水平上统计显著，这说明我国上市公司现金持有动态调整存在一定的相似性。θ 值显著为正表明，我国上市公司实际现金持有量处于最优值单侧，结合第五章表 5-2 超额现金持有水平均值为正的统计结果，可以判定实际值处于最优值上方。

表 6-2　现金持有的动态调整形态 OLS 估计

样本名	SbH		SbL	
	（1）	（2）	（1）	（2）
常数	-0.616	-0.823	0.198	-0.073
$LnCASHOLD_{i,t-1}$	0.672***	0.643***	0.721***	0.690***
$SIZE_{i,t-1}$	-0.435***	-0.490***	-0.201	-0.190
$ROA_{i,t-1}$	0.375	0.468	-0.543	-0.675
$CFO_{i,t-1}$	-0.425*	-0.250	-0.460*	-0.397
$VARCFO_{i,t-1}$	-0.095	-0.228	0.186	0.060
$LEV_{i,t-1}$	0.258	0.259	-1.047**	-1.102***
$MAT_{i,t-1}$	-0.438**	-0.450**	-0.771***	-0.752***
$CASHSUB_{i,t-1}$	-0.034	-0.042	-0.027	-0.022
$DIVDUM_{i,t-1}$	0.025	0.037	-0.003	-0.007
$CAPEX_{i,t-1}$	0.043	0.067	-0.541**	-0.521**
$SIZE_{it}$	0.437***	0.497***	0.166	0.163
ROA_{it}	-1.125**	-1.165**	1.537***	1.447**
CFO_{it}	2.192***	2.287***	2.331***	2.319***
$VARCFO_{it}$	0.563	0.323	-0.961*	-0.934*
LEV_{it}	-0.589	-0.658*	0.952**	1.004**
MAT_{it}	0.142	0.132	0.353*	0.401*
$CASHSUB_{it}$	0.069	0.069	0.056	0.063
$DIVDUM_{it}$	-0.075	-0.047	0.037	0.028
$CAPEX_{it}$	-0.088	-0.102	-0.742**	-0.718**
N	870	870	870	870
$Adj\text{-}R^2$	0.592	0.597	0.597	0.602

注：***、** 和 * 分别表示双尾 t 检验值在 0.01、0.05 和 0.1 统计上水平显著。

本章小结

本章主要从成长性视角研究上市样本公司现金持有的动态调整行为，包括调整速度和调整形态两个方面。在理论分析和假设预测的基础上，本章通过对 Opler 等人（1999）、Ozkan A 和 Ozkan N（2002）模型的改进，构建了两个现金持有动态调整回归模型。采用 OLS 分析法，发现样本公司确实存在目标现金持有量，高成长性样本公司现金持有动态调整速度为 0.356，要快于低成长性样本公司的 0.329，但与资本市场较为发达的国外公司相比，调整速度偏慢，这说明我国上市公司现金持有调整整体存在滞后性，呈现持续性单方向调整的特殊现象。

第七章　不同成长性上市公司现金持有的价值效应比较

我国作为典型的发展中国家和转型经济体，一方面，资本市场发展滞后，金融发达水平不足，造成上市公司可能基于预防性动机而持有更多的现金，从而使得公司现金持有的价值更高；另一方面，公司治理和投资者保护也存在缺陷，外部经理人市场与控制权市场缺失，公司治理水平低下，导致出现较为严重的代理问题，从而可能使得现金持有的价值受损。

从已有文献可以发现，在治理效力较好、股东权利保护较为健全的西方发达国家，公司现金持有水平总体上要远低于治理效力较差、股东权利保护滞后的国家。2012 年，我国 2000 多家上市公司现金持有水平均值超过了 20%①，不仅远远高出股东权利保护较为健全的国家，而且和一些治理效力较差的国家相比，也处于较高的水平。

是什么动机使得我国上市公司持有如此高额的现金，或者说是什么因素决定了我国上市公司的高额现金持有现状？前述章节从基于股东财富最大化的交易性动机和预防性动机的角度，以及信息不对称角度回答了上述问题，权衡理论、融资优序理论和代理理论都具有相当的解释力，均对我国上市公司高额现金持有具有一定的贡献。

那么，基于逻辑的递延，本书需要进一步回答哪种理论的解释力度更大一些。一种较好的判断方法就是研究公司现金持有的价值。如

① 2012 年，我国上市公司共 2428 家，其现金持有水平均值为 20.39%。

果现金持有的价值高于面值，那么基于股东财富最大化的交易性动机或预防性动机可能起到了主导作用，公司管理者更多基于规避投资不足问题而持有高水平现金；反之，如果公司现金持有的价值低于面值，则更可能是我国上市公司管理者代理问题起到了主导作用。

本章首先进行现金持有价值效应的理论分析与预测，然后通过我国上市公司 2007~2012 年的财务数据，分别从边际市场价值和边际股东价值两方面，实证考察上市公司高额持有现金的主导性因素，并从比较的视角来分析不同成长性上市公司现金持有的不同价值。

第一节 理论分析与预测

1. 现金持有正面价值效应的理论基础

（1）资产的转换成本说。在凯恩斯（1936）探讨了现金持有的动机后，Baumol（1952）在借鉴最佳库存模型的基础上，将持有现金的机会成本与交易成本结合起来，提出了确定公司最佳现金持有量的 Baumol 模型。在该模型中，有价证券转换为现金时必然会存在一定的转化成本，所以，为了有效降低资产的转换成本，特定的现金持有量是必要的。由于 Baumol 模型所考虑的成本因素并不全面，而且假设条件也较为苛刻，Miller 和 Orr（1966）对该模型进行了扩展，提出了随机现金流模型，即 Miller-Orr 模型。Baumol 模型与 Miller-Orr 模型成为 20 世纪中期公司现金管理领域中的核心命题，这两个经典模型都对现金持有在减少企业资产转换成本的正向价值作用方面给予了肯定。

（2）规避投资不足问题的解释。由于公司内部和外部之间存在信息不对称的问题，外部人为了避免购买的证券被过度估价，通常会对公司权益进行折价。从管理者所拥有的信息看，外部人对公司权益的折价极可能是低于公司证券的实际价值的，所以公司会因融资成本高而放弃融资，从而造成公司的投资不足。融资的不足使得公司认为有必要持有充裕的现金。值得注意的是，公司内部和外部人之间信息不对称的强弱性会随着时间而发生改变，即便公司当前处于弱信息不对称的时间点，但过一段时间后公司就有可能面临较强的信息不对称。Myers 和 Majluf（1984）认为，由于信息不对称具有时序变化性，公司有必要在信息不对称较弱时建立财务松弛度，这样净现值为正的投资机会就能被充分利用，因而一美元的现金价值有可能会超过其实际面值①。

（3）现金持有的竞争战略价值说。充裕的现金持有可以使得企业制定更为有利的市场竞争战略或对竞争对手的市场份额侵占行为进行有效反击，其直接影响体现在企业的产品市场行为和市场业绩上。Maskin（1987）基于前人的研究结果，构建了一个博弈论分析框架，验证了垄断企业为确保有效阻止市场中其他竞争者的进入而高额持有现金的现象，进一步就现金持有对公司竞争战略的影响进行了研究。他认为，现金持有不仅仅是一种财务行为，它与企业的财务战略和经营战略密切相关，在激烈的市场竞争环境下，保持“快速”的投资速度是一个极为重要的因素。公司现金持有的关键优势之一就是投资的“快速”可获得性②。大量实证表明，当企业面临市场份额被侵犯时，现金持有具有快速回击并迅速占据新的投资机会的信号性承诺作用。因而，对于企业而言，公司现金持有具有竞争战略价值。同时，公司现金持有还拥有投资的时机选择价值（Cossin & Hricko，2004）。

2. 现金持有负面价值效应的理论基础

（1）现金不等同于负的债务。按照融资优序理论，现金不等同于负的债务。Acharya、Almeida 和 Campello（2007）（以下简称“AAC”）

① Fazzari 等人（1998），Hoshi、Kashyap 和 Scharfstein（1991）以及 Lamont（1997）提出，公司现金持有会对受融资约束的公司投资行为产生正面影响，这一观点也对 Myers 和 Majluf（1984）提出的公司现金持有正面价值效应说提供了支持。

② Maskin（1987）认为，公司现金持有至少包含有以下两个方面的作用：①企业能够通过现金持有来快速投资以构建进入壁垒，对新机会做出反应，并对一个潜在的存在竞争威胁的新市场进行独占；②企业能够通过现金持有来实施掠夺性定价（Predatory Pricing），以牺牲短期利润的方式使得竞争者的成本与收益不对等，进而消除可能的竞争威胁。

在不对代理因素进行考虑的前提下，在 Almeida、Campello 和 Weisbach（2004）的理论模型中引入了风险债务因素。由于 AAC（2007）模型采用的是风险债务，所以降低现金持有水平以偿还当前债务可以有效提高公司未来高现金流下的债务融资能力，但将当前多余的现金流用来提高公司现金持有水平则可能对股东价值产生负面的效应。在 AAC（2007）的理论模型中，公司未来现金流的对冲需求决定了公司现金持有对股东价值的作用。尤其是当公司未来拥有低对冲需求时，现金持有的增加将对股东价值产生负面作用。

（2）代理成本说。现金持有水平高的公司更可能实施不利于公司价值的收购活动，所以股东更希望公司现金能被管理者返还给投资者，以避免自由现金流被用于减少公司价值的投资中。Harford（1999）发现现金充裕的公司更偏向于进行无效的并购活动，以致市场对现金持有水平较高公司的收购公告给予负面回应，因为正常企业往往对被收购公司并不十分感兴趣。现金持有水平较高的企业进行并购后业绩下滑的事实也再次说明，高现金持有有助于管理者实施减少公司价值的过度投资行为，最终导致公司 1 美元现金的股东价值要低于其实际面值。

当存在高代理问题与低股东权利保护时，公司更偏向于现金持有，这个事实也间接证明：公司现金持有对股东价值可能产生负面效应的结论。现有文献对于不同国家、不同公司之间的比较研究都证明了高代理冲突、低股东权利保护、低治理效力的公司的现金持有平均水平要远高于低代理冲突、高股东权利保护的公司。

（3）机会成本说和税收劣势说。公司现金持有负面价值效应的相关理论还包括因流动性溢价，公司现金持有需要承担机会成本。此外，还有学者提出，因为税收制度的原因，公司现金持有存在税收劣势，会对股东利益产生负面效应。

综上所述，现金持有带来的可能收益包括：降低转换成本、规避投资不足、时机选择价值、垄断中的战略价值等。而其负面效应包括：现金持有的机会成本说、税收劣势说、过度投资及非效率投资的激励说。

作者认为，在我国特殊的制度背景条件下，现金持有的正面和负面价值效应交织存在，其对公司边际市场价值和股东价值有着不同程度的影响，尤其是随着上市公司成长性不同，其现金持有的边际价值存在较大差异。

第二节　模型设计

一、现金持有的边际市场价值模型

1. 变量定义

（1）解释变量：现金持有量水平变化（ΔCASH）。在解释我国上市公司现金持有的边际市场价值时，和前文一样，采用现金流量表中的现金及现金等价物期末余额作为现金持有量水平。同时，为了消除企业规模的影响，按照 Fama 和 French 的研究思路，用总资产期末余额对现金持有量进行了标准化处理。

（2）被解释变量：公司价值（MV/CV）。按照 Pinkowitz 和 Williamson（2006）的研究思路，他们用公司的市场价值与公司资产的比率（MV）作为被解释变量来确定公司现金持有的边际市场价值，但该变量存在诸多不足，容易受到诸多市场不确定因素的影响，难以精确反映现金持有对公司价值的影响。同时，鉴于我国上市公司大量非流通股的存在，其市场价值确认存在着一定的争议性。本书拟采用账面价值法来确定该部分股权价值。

此外，按照 Fama 和 French（1998）的解释，为了能更好地估计现金持有量变化对公司带来的价值变化，应把公司总资产的账面价值视作取得市场价值的成本，也就是用市场价值减去总资产的账面价值来反映公司新增价值。但考虑到现金资产与非现金资产相比，其市场

价值与账面价值具有较大的差异和不确定性。因此，用公司市场价值减去非现金资产的账面价值（CV），能更好地估计现金持有量变化对新增价值的边际贡献。

（3）控制变量。按照 Fama 和 French（1998）的思想，为了控制公司盈利能力对公司价值的影响，本书加入了公司当前、过去和未来的盈余变量（EBIT、$\Delta EBIT_{it}$ 和 $\Delta EBIT_{i,t+1}$）；用非现金资产的变化（ΔNA_{it} 和 $\Delta NA_{i,t+1}$）作为预期净现金流的净投资的代理变量控制公司投资对公司价值的影响；用当前股利支付水平（DIV）和利息支出水平（INTER）控制公司股利政策和融资政策对公司价值的影响；用股利支付水平的变化（ΔDIV_{it} 和 $\Delta DIV_{i,t+1}$）及利息支出水平的变化（$\Delta INTER_{it}$ 和 $\Delta INTER_{i,t+1}$）控制公司股利支付和利息支出的预期增长对公司价值的影响。

各变量定义及计算公式如表 7-1 所示。

表 7-1 变量定义及计算公式

MV	公司价值表示 1	流通股股数×年末收盘价+非流通股股数×每股净资产+债务账面价值
CV	公司价值表示 2	(流通股股数×年末收盘价+非流通股股数×每股净资产+债务账面价值) - (公司账面价值-现金资产账面价值)
ΔCASH	现金持有量变化	第 t 或第 (t+1) 期现金及现金等价物期末余额-第 (t-1) 或第 t 期现金及现金等价物期末余额
NA	非现金资产	总资产-现金持有量
ΔNA	非现金资产变化	第 t 或第 (t+1) 期非现金资产-第 (t-1) 或第 t 期非现金资产
EBIT	息税前利润	净利润+所得税费用+利息支出
ΔEBIT	息税前利润变化	第 t 或第 (t+1) 期息税前利润-第 (t-1) 或第 t 期息税前利润
DIV	现金股利总额	
ΔDIV	现金股利变化	第 t 或第 (t+1) 期现金股利-第 (t-1) 或第 t 期现金股利
INTER	利息支出总额	
ΔINTER	利息支出变化	第 t 或第 (t+1) 期利息支出-第 (t-1) 或第 t 期利息支出
ΔMV/ΔCV	公司价值变化	第 (t+1) 期公司价值-第 t 期公司价值

注：本表中所有变量均除以第 t 期期末总资产。

2. 回归模型

为了检验我国上市公司现金持有水平对公司价值的边际贡献，本书在借鉴 Fama 和 French（1998）、Pinkowitz 和 Williamson（2007）模型的基础上建立了基础回归模型：

$$MV_{it}/CV_{it} = \beta_0 + \beta_1 \Delta CASH_{it} + \beta_2 \Delta CASH_{i,t+1} + \beta_3 \Delta NA_{it} + \beta_4 \Delta NA_{i,t+1} + \beta_5 EBIT_{it} + \beta_6 \Delta EBIT_{it} + \beta_7 \Delta EBIT_{i,t+1} + \beta_8 DIV_{it} + \beta_9 \Delta DIV_{it} + \beta_{10} \Delta DIV_{i,t+1} + \beta_{11} INTER_{it} + \beta_{12} \Delta INTER_{it} + \beta_{13} \Delta INTER_{i,t+1} + \beta_{14} \Delta V_{i,t+1} + \varepsilon \quad (7.1)$$

为了考察现金持有量的边际市场价值，本模型在 Fama 和 French（1998）模型的基础上，把公司总资产分为现金资产和非现金资产。同时，鉴于我国上市公司研发支出数据难以获取，所以模型没有加入此项变量。模型中所有变量均以当期总资产余额进行标准化处理。

表 7–2 给出了变量的描述性统计结果。SbH 为高成长性公司样本，SbL 为低成长性公司样本。从表 7–2 各数据均值可以判断出，高成长性公司样本无论在公司价值、息税前利润还是现金股利支付水平方面，都明显高出低成长性样本公司。此外，由于样本公司利息支出水平都很低，均值接近于零，其过去和未来看不出明显的变化，故在接下来的相关性和回归分析中不再考虑其影响。

表 7–2 变量的描述性统计结果

	SbH			SbL		
	Mean	Median	Std.D	Mean	Median	Std.D
MV	2.486	1.966	1.640	1.970	1.565	1.401
CV	1.674	1.156	1.686	1.085	0.682	1.410
ΔCASH	0.023	0.019	0.086	0.004	0.004	0.054
ΔCASH1	0.036	0.023	0.115	0.011	0.005	0.063
ΔNA	0.065	0.073	0.169	0.031	0.032	0.147
ΔNA1	0.129	0.098	0.283	0.071	0.044	0.224
EBIT	0.209	0.181	0.140	0.014	0.015	0.044
ΔEBIT	0.026	0.022	0.091	–0.001	0.000	0.062
ΔEBIT1	0.040	0.026	0.121	0.003	0.001	0.059
DIV	0.021	0.012	0.028	0.002	0.000	0.005
ΔDIV	0.003	0.000	0.019	0.000	0.000	0.005
ΔDIV1	0.004	0.000	0.020	0.000	0.000	0.005
INTER	0.000	0.000	0.000	0.000	0.000	0.000
ΔINTER	0.000	0.000	0.000	0.000	0.000	0.000
ΔINTER1	0.000	0.000	0.000	0.000	0.000	0.000
ΔMV	0.541	0.229	1.401	0.266	0.108	1.248
ΔCV	0.412	0.123	1.377	0.195	0.029	1.268

注：ΔCASH1 表示 $\Delta CASH_{i,t-1}$，其他变量类似标注，下同。

表 7–3 和表 7–4 分别给出了高成长性公司样本和低成长性公司样本中变量的相关系数矩阵。从表 7–3 中可以看出，高成长性样本公司价值与当前和未来现金持有量变化、当期息税前利润、当前和未来息税前利润变化、当期现金股利、当前和未来现金股利变化显著正相关，而与未来公司价值变化显著负相关。低成长性样本公司价值与未来非现金资产变化显著正相关，与当前和未来现金持有量变化、当期息税前利润变化正相关性较为显著，而与未来公司价值变化显著负相关。综合来讲，对高成长性样本或低成长性样本而言，公司价值都与当前和未来现金持有量变化、未来息税前利润变化正相关，而与未来公司价值变化显著负相关。

二、现金持有的边际股东价值模型

在模型（7.1）中，因变量采用的是公司价值变量，而公司价值不仅仅包括公司股东价值，还包括债权人价值，以及其他利益相关者的价值。因此，通过该模型进行线性回归所得出的结果应该是外部投资者，包括股东和债权人对公司单位现金持有增量的定价，而不仅仅只是对股东、对边际现金的定价。有些情况下，公司现金持有对债权人的价值效应远远超过公司股东①。因此，有必要从股东的角度出发来估计单位现金持有的边际价值。

Faulkender 和 Wang（2006）、Dittmar 和 Mahrt（2007）在对 Fama 和 Freneh（1998）公司估价模型进行修正的基础上，提出了一种新的实证模型。该模型实际上采用的是一种准长期事件研究法。他们使用公司会计年度的股票超额收益率作为回归模型的因变量，以此揭示公司股东对现金持有的边际定价。本书按照这一研究思路，建立了基础回归模型：

① 譬如，Pinkowitz 和 Williamson（1998）发现，在一些由强势银行支持的日本企业普遍持有很高的现金水平，这是因为强势银行会出于规避风险的考虑，通过对公司管理者施加影响，诱导其持有高水平的现金。这样，现金持有更有利于保护债权人利益。

表 7-3　高成长性公司样本中变量的相关系数矩阵

N=580	MV/CV	ΔCASH	ΔCASH1	ΔNA	ΔNA1	EBIT	ΔEBIT	ΔEBIT1	DIV	ΔDIV	ΔDIV1	ΔMV/ΔCV
MV/CV	1											
ΔCASH	0.150*** 0.180***	1										
ΔCASH1	0.108*** 0.098**	-0.176***	1									
ΔNA	0.055 00.47	-0.140***	0.066	1								
ΔNA1	0.059 0.057	0.018	0.270***	0.050	1							
EBIT	0.466*** 0.479***	0.196***	0.131***	0.105**	0.048	1						
ΔEBIT	0.219*** 0.219***	0.208***	0.099**	0.207***	0.000	0.541***	1					
ΔEBIT1	0.196*** 0.191***	0.021	0.376***	0.046	0.395***	-0.106**	-0.173***	1				
DIV	0.328*** 0.342***	0.124***	0.069*	0.021	-0.010	0.589***	0.158***	0.069*	1			
ΔDIV	0.138*** 0.142***	0.151***	0.041	0.022	-0.044	0.286***	0.256***	-0.022	0.526***	1		
ΔDIV1	0.208*** 0.210***	0.065	0.224***	0.124***	0.126***	0.166***	0.130***	0.325***	-0.039	-0.206***	1	
ΔMV/ΔCV	-0.087** -0.096**	0.034 0.031	0.269*** 0.219***	-0.072* -0.083**	0.183*** -0.019	0.105** 0.097**	-0.083** -0.085**	0.227*** 0.150***	0.118*** 0.122***	0.105** 0.116***	0.066 0.042	1

注：***、** 和 * 分别表示双尾 t 检验值在 0.01、0.05 和 0.1 水平上统计显著。

表 7–4 低成长性公司样本中变量的相关系数矩阵

N=580	MV/CV	ΔCASH	ΔCASH1	ΔNA	ΔNA1	EBIT	ΔEBIT	ΔEBIT1	DIV	ΔDIV	ΔDIV1	ΔMV/ΔCV
MV/CV	1											
ΔCASH	0.079* 0.098**	1										
ΔCASH1	0.078* 0.069*	–0.183***	1									
ΔNA	–0.051 –0.056	–0.072*	–0.088**	1								
ΔNA1	0.199*** 0.200***	0.029	0.211***	0.070*	1							
EBIT	–0.053 –0.043	0.148***	–0.118***	0.226***	0.001	1						
ΔEBIT	0.073* 0.076*	0.203***	–0.113***	0.160***	–0.050	0.642***	1					
ΔEBIT1	0.047 0.046	–0.086**	0.253***	–0.198***	0.184***	–0.692***	–0.500***	1				
DIV	–0.058 –0.043	0.046	0.038	0.062	0.033	0.300***	0.058	–0.052	1			
ΔDIV	0.057 0.056	0.046	–0.040	0.062	0.002	0.092**	0.164***	–0.043	0.334***	1		
ΔDIV1	0.001 0.003	–0.025	0.017	–0.090**	0.039	–0.067	–0.028	0.146***	–0.329***	–0.329***	1	
ΔMV/ΔCV	–0.369*** –0.398***	–0.078* –0.082**	0.124*** 0.085**	–0.124*** –0.134***	0.001 –0.176***	–0.163*** –0.161***	–0.184*** –0.172***	0.145*** 0.110***	–0.025 –0.030	–0.090** –0.089**	0.041 0.033	1

注：***、** 和 * 分别表示双尾 t 检验值在 0.01、0.05 和 0.1 水平上统计显著。

$$ER_{it} = \beta_0 + \beta_1 \Delta CASH_{it} + \beta_2 \Delta NA_{it} + \beta_3 \Delta EBIT_{it} + \beta_4 \Delta DIV_{it} + \beta_5 \Delta INTER_{it} + \beta_6 LEV_{it} + \beta_7 LTG_{it} + \mu_{it} \quad (7.2)$$

在模型（7.2）中，ER 为个股年超额收益率，其值等于个股年实际收益率减去市场年收益率，用公式表示为 $r_{it} - r_{mt}$。所谓股票的超额收益率，是指该股实际收益率减去其所谓的正常收益率。而股票的正常收益是一个预期概念，目前研究人员常用三种计算方法来确定，即市场调整模型（Market-adjusted Model）、均值调整模型（M-adjusted Model）及风险调整模型（Risk-adjusted Model）①。本书拟采用市场调整模型，即个股年实际收益率，r_{it} 采用现金红利再投资的年个股回报率，而市场年收益率 r_{mt} 采用各行业调整后的指数收益率②，具体数据如表 7-5 所示。

表 7-5　2008~2012 年各行业调整后指数收益率数据汇总

行业代码	行业全称	2008	2009	2010	2011	2012
A	农、林、牧、渔业	-0.5102	0.7443	0.2320	-0.2893	-0.0484
B	采掘业	-0.7093	1.3849	-0.1935	-0.1570	-0.0071
C0	食品、饮料业	-0.5771	1.1390	0.1974	-0.1010	-0.0180
C1	纺织、服装、皮毛业	-0.6403	1.2727	0.0429	-0.2481	-0.1023
C3	造纸、印刷业	-0.6560	1.1926	-0.0351	-0.2578	-0.0427
C4	石油、化学、塑胶、塑料业	-0.6200	1.1691	0.0323	-0.3130	-0.0037
C5	电子业	-0.6344	1.4980	0.2634	-0.3559	0.0571
C6	金属、非金属业	-0.7066	1.2502	0.0031	-0.3493	0.0149
C7	机械、设备、仪表业	-0.6094	1.4251	0.1053	-0.3343	-0.0008
C8	医药、生物制品业	-0.4557	1.0268	0.2587	-0.3036	0.1050
C9	其他制造业	-0.6309	1.2673	0.0976	-0.3731	0.0127
D	电力、煤气及水的生产和供应业	-0.5458	0.4839	-0.1515	-0.1682	0.0432
E	建筑业	-0.5153	0.5043	0.0050	-0.3314	0.2423
F	交通运输、仓储业	-0.6901	0.7706	-0.1112	-0.3188	-0.0274
G	信息技术业	-0.5539	0.9699	0.0832	-0.2825	-0.1728

① 市场调整模型假定资本市场指数的收益率为每只股票对应的正常收益率；均值调整模型假定股票的日平均收益率为该只股票的正常收益率；风险调整模型假定某一股票正常收益与市场证券组合收益相联系。

② 这里的“行业”是按照 2001 年证监会发布的《上市公司行业分类指引》来确定，除制造业外，所有的样本公司均按照一级行业分类所确定的指数收益率作为市场收益率参照标准，其数据来源于 WIND 产业指数。

续表

行业代码	行业全称	2008	2009	2010	2011	2012
H	批发和零售贸易业	−0.5994	1.1586	0.0296	−0.3142	−0.0862
J	房地产业	−0.6460	1.0933	−0.2291	−0.2191	0.3439
K	社会服务业	−0.6754	1.0985	0.0299	−0.2128	0.0856
L	传播与文化产业	−0.6097	0.6873	0.0012	−0.1930	−0.0956
M	综合类	−0.5832	1.1391	0.0449	−0.3135	0.0251

至于解释变量，LEV 为财务杠杆指数，计算公式为期末总负债除以期末总资产；LTG 为公司流通盘规模，用其股份数的自然对数表示①。其他变量定义与计算公式和模型（7.1）中的变量相同。此外，为了获取更多的实证信息，该模型在之后的分析中引入了交叉项。

表 7-6 给出了变量的描述性统计结果。SbH 为高成长性公司样本，SbL 为低成长性公司样本。从表 7-6 各数据均值可以判断出，高成长性样本公司股票年超额收益率、流通盘规模都高出低成长性样本公司，资产负债率则明显低于低成长性样本公司。此外，由于样本公司利息支出水平都很低，看不出明显的变化，故在接下来的相关性和回归分析中不再考虑其影响。

表 7-6 变量的描述性统计结果

	SbH			SbL		
	Mean	Median	Std.D	Mean	Median	Std.D
ER	0.116	0.036	0.408	0.078	−0.020	0.481
ΔCASH	0.021	0.018	0.084	0.004	0.003	0.055
ΔNA	0.073	0.077	0.161	0.031	0.033	0.140
ΔEBIT	0.024	0.021	0.089	−0.003	−0.001	0.061
ΔDIV	0.003	0.000	0.019	0.000	0.000	0.005
ΔINTER	0.000	0.000	0.000	0.000	0.000	0.000
LEV	0.409	0.409	0.188	0.550	0.566	0.175
LEV*ΔCASH	0.009	0.006	0.035	0.003	0.001	0.029
LTG	19.690	19.621	0.764	19.492	19.497	0.715

① 之所以加入流通股规模变量，主要是考虑到其对股票价格和市场收益带来重要影响。

表 7-7 和表 7-8 分别给出了高成长性公司样本和低成长性公司样本中变量的相关系数矩阵。从表 7-7 中可以看出，高成长性样本公司股票超额收益率与现金持有量、非现金净资产、息税前利润变化，以及财务杠杆和交叉项显著正相关，而与现金股利支付水平变化及流通盘规模无明显相关关系。从表 7-8 中可以看出，低成长性样本公司股票超额收益率与现金持有量、息税前利润变化及交叉项显著正相关，而与财务杠杆，尤其是流通盘规模显著负相关。综合来讲，对高成长性样本或低成长性样本而言，股票超额收益率都与现金持有量及息税前利润变化显著正相关，而与财务杠杆则有着不同方向的相关性，说明财务杠杆对股票超额收益率和现金持有量变化均有交互作用和影响，故引入该交叉项进行实证分析。此外，从相关系数数值来看，除交叉项和被交叉项相关性较高外，其他变量的相关系数均小于 0.5，说明模型中并不存在较为严重的多重共线性问题。

表 7-7 高成长性公司样本中变量的相关系数矩阵

N=725	ER	ΔCASH	ΔNA	ΔEBIT	ΔDIV	LEV	LEV×ΔCASH	LTG
ER	1							
ΔCASH	0.085**	1						
ΔNA	0.083**	-0.169***	1					
ΔEBIT	0.232***	0.218***	0.182***	1				
ΔDIV	0.015	0.170***	0.027	0.277***	1			
LEV	0.086**	-0.010	0.170***	0.022	-0.054	1		
LEV×ΔCASH	0.106***	0.884***	-0.102***	0.190***	0.062*	0.084**	1	
LTG	-0.043	0.020	0.063*	0.019	0.044	0.093**	-0.013	1

注：***、** 和 * 分别表示双尾 t 检验值在 0.01、0.05 和 0.1 水平上统计显著。

表 7-8 低成长性公司样本中变量的相关系数矩阵

N=725	ER	ΔCASH	ΔNA	ΔEBIT	ΔDIV	LEV	LEV×ΔCASH	LTG
ER	1							
ΔCASH	0.098***	1						
ΔNA	-0.039	-0.057	1					
ΔEBIT	0.136***	0.207***	0.182***	1				
ΔDIV	0.037	0.023	0.066*	0.162***	1			
LEV	-0.065*	0.081**	0.256***	0.049	0.000	1		
LEV×ΔCASH	0.080**	0.936***	-0.008	0.183***	0.025	0.107***	1	
LTG	-0.086**	-0.031	0.041	-0.021	0.018	0.008	-0.049	1

注：***、** 和 * 分别表示双尾 t 检验值在 0.01、0.05 和 0.1 水平上统计显著。

第三节　实证结果分析

一、不同成长性上市公司现金持有的边际市场价值比较

根据模型（7.1），采用 OLS 分析法，可以得出上市公司现金持有的市场价值，如表 7-9 所示，其中模型（1）未包括行业哑变量，加入行业哑变量来控制行业影响后得到了模型（2）的结果。由于模型中需要用到之前一期和滞后一期的变量数据，所以只能得出 2008~2011 年的样本观测值，样本公司总数为 580 家。

表 7-9　现金持有的市场价值 OLS 估计

样本名	SbH		SbL	
	（1）	（2）	（1）	（2）
常数	1.296*** (0.416***)	1.680*** (0.780***)	2.109*** (1.212***)	2.199*** (1.296***)
ΔCASH	0.949** (1.550***)	1.040** (1.602***)	1.372** (1.801***)	1.307*** (1.725***)
ΔCASH1	0.032 (−0.018)	0.278 (0.199)	2.002** (1.828**)	1.923** (1.724**)
ΔNA	−0.153 (−0.180)	−0.021 (−0.037)	−0.809** (−0.867**)	−0.712** (−0.771**)
ΔNA1	−0.263* (−0.524**)	0.153 (−0.425**)	1.252*** (0.824***)	1.302*** (0.871***)
EBIT	11.746*** (12.240***)	11.759*** (12.272***)	−6.200*** (−5.784***)	−6.589*** (−6.339***)
ΔEBIT	−1.324 (−1.659)	−1.809** (−2.180**)	2.853*** (2.755**)	2.920*** (2.880**)
ΔEBIT1	6.405*** (6.413***)	5.661*** (5.657***)	−0.977 (−0.768)	−1.113 (−0.950)
DIV	1.580* (2.262*)	−0.978* (−0.080*)	−10.574 (−6.741)	−9.055 (−6.004)
ΔDIV	2.042 (1.667)	2.317 (1.831)	9.622 (8.505)	5.682 (4.545)

续表

样本名	SbH		SbL	
	(1)	(2)	(1)	(2)
ΔDIV1	5.081** (5.432**)	3.197* (3.578*)	-1.135 (0.248)	-3.773 (-2.600)
ΔMV ΔCV	-0.251*** (-0.254***)	-0.279*** (-0.282***)	-0.434*** (-0.436***)	-0.438*** (-0.439***)
N	580	580	580	580
Adj-R^2	0.316 0.330	0.370 0.386	0.205 0.203	0.214 0.212

注：***、** 和 * 分别表示双尾 t 检验值在 0.01、0.05 和 0.1 水平上统计显著。() 中的数字为因变量为 CV 时的回归系数。

从表 7-9 可以看出，对于高成长性样本公司而言，在没有加入行业哑变量时，其现金持有量变化的回归系数分别为 0.949 和 1.550，且在 5%和 1%的水平上显著；加入行业哑变量后，其现金持有量变化的回归系数分别为 1.040 和 1.602。考虑到用公司市场价值减去非现金资产的账面价值能更好地估计现金持有量变化对新增价值的边际贡献，因此，可以认为高成长性样本公司现金持有的市场价值大致在 1.550~1.602 元。同样，对于低成长性样本公司而言，在没有加入行业哑变量时，其现金持有量变化的回归系数分别为 1.372 和 1.801，且在 5%和 1%的水平上显著；加入行业哑变量后，其现金持有量变化的回归系数分别为 1.307 和 1.725，且在 1%的水平上显著。可以认为，低成长性样本公司现金持有的市场价值大致在 1.725~1.801 元。上述结果初步表明，样本公司现金持有的市场价值均高于 1 元，且低成长性样本公司现金持有的市场价值更高。

本书认为，样本公司现金持有的市场价值之所以高于其账面价值，一方面可能是样本公司在观测期间均未从事配股、增发和发行可转换债券等再融资行为，资金投放和利用效率较高；另一方面可能是模型 (7.1) 本身的缺陷所致，公司价值的计量本身存在较大的争议性，如市场价值如何确定、账面价值能否替代重置成本等，因此，根据回归系数所得出的现金持有市场价值可能是个偏误的结果。至于低成长性

样本公司现金持有的市场价值更高，作者认为原因可能是其资产负债率较高，盈利能力不强使得其融资约束程度较高，后文将会进一步加以分析。

在控制变量中，未来公司价值变化的回归系数在两组样本中均显著为负。当前息税前利润的回归系数在高成长性样本公司中显著为正；在低成长性样本公司中显著为负。在低成长性样本公司中，未来现金持有量变化、过去和未来非现金资产变化、过去息税前利润变化与公司价值相关性较为显著；在高成长性样本中相关性并不显著。现金股利支付变量的回归系数在两组样本中均未通过显著性水平测试。

二、不同成长性上市公司现金持有的边际股东价值比较

根据模型（7.2），采用 OLS 分析法，可以得出上市公司现金持有的边际股东价值，如表 7-10 所示，其中模型（1）未包括交叉项变量，加入交叉项变量后得到了模型（2）的结果。由于模型中需要用到之前一期的变量数据，所以只能得出 2008~2012 年的样本观测值，样本公司总数分别为 725 家。

表 7-10　现金持有的边际价值 OLS 估计

样本名	SbH		SbL	
	（1）	（2）	（1）	（2）
常数	0.618**	0.592**	1.222***	1.240***
ΔCASH	0.258***	−0.108**	0.630***	1.198***
ΔNA	0.108**	0.099**	−0.133**	−0.122**
ΔEBIT	1.522***	1.517***	0.998***	0.986***
ΔDIV	−1.132	−0.969	1.759	1.786
LEV	0.167**	0.151**	−0.182**	−0.179**
LTG	−0.030*	−0.028*	−0.053**	−0.054**
LEV*ΔCASH		0.980**		−1.150**
N	725	725	725	725
Adj-R^2	0.061	0.061	0.030	0.029

注：***、** 和 * 分别表示双尾 t 检验值在 0.01、0.05 和 0.1 水平上统计显著。

从表 7-10 可以看出，对于高成长性样本公司而言，在不考虑交叉

项的情况下，现金持有量变化的回归系数为 0.258，表明单位现金资产对股东的边际价值为 0.258 元；当引入交叉项后，现金持有量变化的回归系数为–0.108，单位现金资产对股东的边际价值为–0.108 + 0.980 × 0.409 = 0.293 元；对于低成长性样本公司而言，在不考虑交叉项的情况下，现金持有量变化的回归系数为 0.630，表明单位现金资产对股东的边际价值为 0.630 元；当引入交叉项后，现金持有量变化的回归系数为 1.198，单位现金资产对股东的边际价值为 1.198 – 1.150 × 0.550 = 0.566 元。

从上面的分析可以看出，与模型（7.1）相比，模型（7.2）中现金持有的边际价值大为减少。高成长性样本公司现金持有的边际价值从 1.602 元降低到 0.293 元，低成长性样本公司现金持有的边际价值从 1.725 元降低到 0.566 元。其结果表明现金持有不仅包含对股东的价值影响，还包括对债权人的价值影响。由于代理问题等因素的存在，现金持有对股东的边际价值要远远低于其账面价值。同时，低成长性样本公司现金持有的边际价值无论从公司整体角度抑或股东角度来看，均显著高于高成长性样本公司。一种可能性是公司成长性不同，其面临的融资约束程度也有所不同，对于高成长性样本公司而言，低成长性样本公司面临的融资约束程度更高，公司在利用现金持有量进行投资时更加注重投资效率。现金持有可视为融资约束公司一种价值增强的战略反应①。

三、不同成长性上市公司现金持有的价值增强路径比较

上述现金持有的边际价值实证结果表明，低成长性样本公司现金

① 早在 1999 年，Haribrd 就指出，当资本市场存在不完善因素，如由于管理者和资本供应者之间的信息不对称导致的逆向选择问题时，现金持有量就具备战略作用。管理者通过积累现金作为缓冲储备可以增加公司的价值。这些缓冲储备能够允许公司在当前现金流不足以满足公司投资需要时保持资金的供应能力。因此，现金持有量能够通过减少投资不足问题而增加股东财富。Haushalter、Klasa 和 Maxwell（2007）从产品市场竞争的角度分析了现金持有量的战略作用。他们认为，现金持有量能够增强公司投资能力，缓解投资不足问题，进而降低掠夺风险（Predation Risk）——投资不足而导致的投资机会和市场份额的丧失。

持有的边际市场和股东价值均高于高成长性样本公司，这种结果更多地可以归因于各自融资约束程度的不同。以下我们将从融资约束的角度来进一步分析不同成长性样本公司现金持有价值的增强来源。

根据融资约束理论，融资约束程度较高的公司在进行外部融资时，其融资成本较高，进而其内部资金的市场价值和边际价值更高。同时，在公司面临较好的投资机会时，由于外部融资成本较高，公司发生投资不足的可能性也较大。在衡量融资约束程度指标的选取上，通常采用股利支付率、企业规模、长期债券等级和商业票据等级。同时，大量的实证结果表明，融资约束公司现金持有量的边际价值高于非融资约束公司。

在以下的实证分析中，我们在 Fazzari、Hubbard 和 Petersen（1988）融资约束模型的基础上，加入滞后一期的现金持有水平变量，以此验证不同成长性样本公司现金持有量对其固定资产投资支出的促进作用，进而找出融资约束条件下现金持有量的价值来源。其回归模型为：

$$FAI_{it} = \beta_0 + \beta_1 MTB_{it}\,or SG_{it} + \beta_2 CFO_{it} + \beta_3 CASH_{i,t-1} + \mu_{it} \tag{7.3}$$

在模型（7.3）中，FAI 为固定资产投资支出，其值为购建固定资产、无形资产和其他长期资产支付的现金除以固定资产期初净额；MTB 为 Market-to-Book 比率，其值为（流通股股数 × 年末收盘价 + 非流通股股数 × 每股净资产 + 债务账面价值）/总资产账面余额；SG 为营业收入增长率，其值为（本年营业收入 - 上年营业收入）/上年营业收入；CFO 为现金流量变量，其值为净利润与折旧摊销之和除以固定资产期初净额；CASH 为滞后一期的现金持有水平，其值为现金流量表中现金及现金等价物期初余额除以固定资产期初净额。

为了避免异常值的影响，我们在数据处理过程中对所有财务指标进行了缩尾处理，即排序后前 5%和后 5%的指标全部按最小值和最大值进行替代，处理后的变量描述性统计结果如表 7-11 所示。

从表 7-11 可以看出，高成长性样本公司的固定资产投资支出均值为 0.317，显著高于低成长性样本公司。同样，其自变量均值也比低成长性样本公司要高。

表 7–11　变量的描述性统计结果

	SbH			SbL		
	Mean	Median	Std.D	Mean	Median	Std.D
FAI	0.317	0.210	0.311	0.166	0.111	0.157
MTB	2.339	1.911	1.307	1.810	1.544	0.800
SG	0.150	0.134	0.260	0.081	0.065	0.224
CFO	0.716	0.371	1.392	0.124	0.119	0.336
CASH–1	2.634	0.954	4.488	0.668	0.396	0.700

注：CASH–1 表示为 $CASH_{i,t-1}$。

表 7–12 和表 7–13 为变量的相关性分析，从中可以发现，不同成长性样本公司固定资产投资支出均与营业收入增长率、现金流量和上期现金持有水平正相关，与 MTB 的相关系数则未通过显著性检验。同时，低成长性样本公司固定资产投资支出与现金流量的相关性显著较弱。

表 7–12　高成长性样本相关性分析

N=725	FAI	MTB	SG	CFO	CASH–1
FAI	1				
MTB	0.060	1			
SG	0.073**	0.083**	1		
CFO	0.199***	0.160***	0.121***	1	
CASH–1	0.202***	–0.044	0.011	0.326***	1

表 7–13　低成长性样本相关性分析

N=725	FAI	MTB	SG	CFO	CASH–1
FAI	1				
MTB	–0.064	1			
SG	0.091**	0.009	1		
CFO	0.064*	0.013	0.056	1	
CASH–1	0.218***	–0.024	0.039	0.007	1

表 7–14 给出了样本公司的模型回归结果。其中，模型（1）和（3）不包括行业哑变量，在考虑行业影响因素后得到模型（2）和（4）的结果。可以看出，在高成长性样本公司中，现金流量和上期现金持有水平变量的回归系数显著为正，且显著性水平在 1%以上，说明高成长性

样本公司内部现金流量和上期现金持有水平均对固定资产投资具有积极的促进作用。而在低成长性样本公司中，仅上期现金持有水平变量的回归系数显著为正，其数值也较高成长性样本公司要大，说明低成长性样本公司固定资产投资支出更多地依赖于已有现金持有量而不是内部现金流量，现金持有量对固定资产投资支出的促进作用更为显著。这也间接说明了低成长性样本公司现金持有的利用效率更高，其对企业价值或股东价值的边际贡献更为显著。

表 7-14 模型（7.3）的回归结果

样本名	SbH				SbL			
	(1)	(2)	(3)	(4)	(1)	(2)	(3)	(4)
常数	0.241***	0.291***	0.256***	0.275***	0.151***	0.145***	0.126***	0.122***
MTB	0.010	-0.004			-0.012	-0.011		
SG			0.065	0.040			0.055**	0.058**
CFO	0.031***	0.031***	0.032***	0.030***	0.030*	0.027	0.027	0.025
CASH-1	0.011***	0.022***	0.011***	0.022***	0.049***	0.051***	0.048***	0.050***
N	725	725	725	725	725	725	725	725
Adj-R^2	0.059	0.105	0.060	0.106	0.051	0.064	0.054	0.068

本章小结

本章首先进行现金持有价值效应的理论分析，然后通过样本公司2007~2012 年的财务数据，分别从市场价值和边际股东价值两方面，实证检验了不同成长性上市公司现金持有的价值，同时进一步讨论和分析了不同成长性样本公司现金持有量的价值来源。

在实证检验不同成长性样本公司现金持有的价值过程中，本章在借鉴 Fama 和 French（1998）、Faulkender 和 Wang（2006）、Pinkowitz 和 Williamson（2007）以及 Dittmar 和 Mahrt（2007）的研究思路基础上，分别建立了公司估价的两个基础回归模型，以分别考察不同成长性样本公司现金持有水平变化对公司价值和股东价值的边际贡献和影响。实证结果发现，高成长性样本公司单位现金资产的市场价值在1.550~1.602元，单位现金资产对股东的边际价值在0.259~0.293元；低成长性样本公司单位现金资产的市场价值在1.725~1.801元，单位现金资产对股东的边际价值在0.566~0.630元。这表明低成长性样本公司现金持有的市场价值尤其是边际股东价值显著高于高成长性样本公司。

之所以出现这种比较结果，本书认为原因之一可能是低成长性样本公司所面临的融资约束程度更高。因此，本章最后从融资约束的角度进一步分析不同成长性样本公司现金持有价值的增强来源。实证发现，与高成长性样本公司相比，低成长性样本公司固定资产投资支出更多地依赖于已有现金持有量而不是内部现金流量，且现金持有水平对固定资产投资支出的促进作用更为显著，这也间接证实了低成长性样本公司融资约束程度更高，现金持有对企业价值和股东价值的边际贡献更为显著。

第八章　研究结论与展望

第一节　本书的基本结论

本书基于成长性视角研究了上市公司现金持有水平，主要对影响上市公司现金持有的影响因素（包括财务特征和公司治理两方面）、现金持有动态调整行为和现金持有经济后果这三大问题进行了理论和实证研究。在研究方法上，主要采用了比较研究、主成分分析、多元线性回归以及静态与动态分析相结合的分析方法，对上市公司样本的历史数据进行了较为详尽和深入的实证检验和理论阐释。在研究思路上，首先对有关现金持有和企业成长的相关理论和实证研究文献进行了梳理回顾；然后运用主成分分析法构建了上市公司成长性评价模型，并根据平均得分的高低将上市公司划分为高成长性与低成长性样本公司；最后基于样本公司数据，构建若干回归模型，从现金持有水平的影响因素、现金持有量的动态调整和现金持有的价值效应三个方面入手，形成四个研究专题，对不同成长性上市公司的现金持有水平进行了实证研究和比较分析。

本书的基本结论如下：

（1）公司财务特征是影响上市公司现金持有水平的重要因素，其对现金持有量的形成起着关键作用。对于所有样本公司而言，现金流量、现金替代物和资本性投资支出与现金持有水平正相关，而债务期限结构与其负相关，且相关性较为显著。而企业规模、盈利能力在低成长性样本中与现金持有水平显著相关，但在高成长性样本中并不显著；相反，财务杠杆、现金股利支付在高成长性样本中与现金持有水平显著相关。此外，尽管影响方向一致，但除现金流量外，其他财务特征影响因素在不同样本中对现金持有水平的影响程度不一。财务杠杆和债务期限结构对高成长性样本公司现金持有水平影响程度较大，而现金替代物、盈利能力和企业规模对低成长性样本公司现金持有水平往往具有较大的影响。

（2）公司治理对超额现金持有水平并未产生直接影响，而是通过公司的投资、融资和股利发放政策进行间接影响。经过统计分析，高成长性样本公司在现金持有水平的正常量和超额量方面均高于低成长性样本公司，且其股权制衡度、外资控股股东所占比例也高于低成长性样本公司。但通过实证发现，超额现金持有水平与公司治理变量在统计方面多不显著相关。在高成长性样本中，仅股权制衡度、外资控股股东性质与超额现金持有水平显著负相关；而在低成长性样本中，仅管理层持股比例这一变量与超额现金持有水平显著负相关，同时模型的整体解释能力很弱，这也说明了公司治理对超额现金持有水平并未产生直接影响。

（3）上市公司存在目标现金持有量，且其现金持有调整存在滞后性，呈现持续性单方向调整的特殊现象。在理论分析和假设预测的基础上，本章通过对 Opler 等人（1999）、Ozkan A 和 Ozkan N（2002）模型的改进，构建了两个现金持有动态调整回归模型。采用 OLS 分析法，发现样本公司确实存在目标现金持有量。在调整速度上，高成长性样本公司现金持有动态调整速度为 0.356，要快于低成长性样本公司的调整速度 0.329，但与资本市场较为发达的国外公司相比，调整速度偏慢，说明我国上市公司融资成本较高，资本配置不够及时有效。在调整形态上，样本公司存在着一定的相似性，实际现金持有量处于最优值单侧上方，呈现持续性单方向调整的特殊现象。

（4）上市公司现金持有的边际股东价值存在较大幅度的折价，远低于西方学者对发达国家公司现金持有的估值水平。高成长性样本公司单位现金资产的边际股东价值平均水平大约为 0.293 元，低成长性样本公司平均水平大约为 0.566 元，而发达国家公司现金持有的边际股东价值为 0.6~0.9 元。需要注意的是，本书所筛选的样本公司剔除了观测期间有过增发、配股和发行可转换债券的再融资上市公司，如包含这些，公司现金持有的边际股东价值可能更低。这可能与我国特殊的制度背景——“一股独大”、“内部人控制”现象比较突出，股东权益缺乏有力保护有关。此外，实证发现，与高成长性样本公司相比，低成长性样本公司固定资产投资支出更多地依赖于已有现金持有量而不是内部现金流量，且现金持有水平对固定资产投资支出的促进作用更为显著，这也间接证实了低成长性样本公司融资约束程度更高，现金持有对股东价值的边际贡献更为显著。

第二节　研究启示和政策建议

现金持有决策作为公司投融资决策的重要组成部分，对公司的成长、治理结构的完善，以及公司价值和股东财富的实现都具有重要的影响。本书基于成长性视角，通过对不同成长性上市公司现金持有水平的比较和实证研究而得出结论，其结论可以强化现金持有理论对公司成长的指导性意义，能够在一定程度上为公司利益相关者，包括股东、经理人、债权人和政府监管部门的决策提供一个新的思考角度，能够有助于我国公司治理制度的不断完善，能够让公司在不同的成长阶段更合理地持有和使用现金。在研究过程中，本书得出以下几点启示和建议：

（1）上市公司应在不同的成长阶段，保持合理的现金持有区间，以公司价值和股东财富最大化为目标，制定灵活的现金持有政策。对于高成长性上市公司而言，在当期没有更好的投资机会时，应降低现金持有储备，将多余的现金以股利支付的形式返还给股东；而在出现有利的投资机会时，可通过适当提高财务杠杆水平来筹集所需现金。对于低成长性样本公司而言，应加强会计信息的披露，最大限度地降低公司与投资者之间的信息不对称程度，进而降低外部融资成本，降低现金持有水平。

（2）建立和完善公司治理机制，加强对经理人（大股东）的有效制约和监督及保护中小股东利益来限制上市公司不合理地使用现金。实证结果表明，上市公司现金持有的边际股东价值存在较大幅度的折价，尤其是高成长性样本公司。从整体上看，我国上市公司治理特征趋同，如股权集中度、管理层持股比例、民营控股股东所占比例、董事会规模、独立董事比例及董事长和总经理两职合一等指标在不同成长性上市公司中并没有大的区别。这说明我国上市公司均存在经理人滥用自由现金流量和大股东利用控制地位侵占公司资金等较为严重的代理问题，其后果不仅是上市公司现金持有水平普遍超出正常现金储备量，而且对公司价值和股东财富产生了较大的负面效应。

（3）推进资本市场和信贷市场的改革与发展，提高资本的优化配置效率，为公司提供更多渠道和富有效率的融资环境，降低公司的融资成本，加快现金持有的动态调整速度和缩短现金持有的调整周期，使得公司现金持有水平较大幅度地降低。与高成长性样本公司相比，低成长性样本公司融资约束程度较高，现金持有的动态调整速度较慢，但其现金持有的边际股东价值较高。这意味着那些有着较高盈利能力和良好投资机会的优质低成长性上市公司将会随着资本市场的完善而实现高成长和高回报。

第三节 研究局限和未来研究方向

企业成长和公司现金持有均为复杂而又具有重大理论与实践意义的研究课题，在研究过程中，由于作者研究能力和时间的不足，对相关理论和文献的理解和驾驭能力有限。因此，在写作过程中，本书存在着较多局限和欠考虑之处，具体表现为：

（1）企业成长性评价离不开评价指标和方法的选择，如何选择科学与合理的评价指标和方法，影响到企业成长性判定结果的准确性。本书所筛选的 12 个财务指标，并不能全面系统地反映企业真实的成长状态和结果，所采用的主成分分析法，并不一定能得出较为公允的评判结果。因此，本书研究对象的界定并不是非常严谨的。

（2）在模型设计方面，虽然考虑了各解释变量之间可能存在的共线性和内生性等问题，并从研究方法上采取了一定的措施尽量减低其影响，但这些问题仍不可避免地存在，最终可能对本书的研究结论造成一定的偏差。

（3）在对现金持有的影响因素分析时，本书仅考虑公司财务特征和治理结构等因素的影响，并没有对宏观环境，如产品市场竞争、外部治理环境和宏观经济波动等因素进行数据收集和实证分析。此外，对现金持有动机并未进行具体和深入的挖掘与分析。

基于以上不足或缺陷，本书认为还有许多问题有待进一步研究：

（1）借助调查问卷法，进一步了解和分析上市公司现金持有的真正动机和行为表现，扩展行业周期与波动、银企关系、产品市场竞争、管理者风险偏好等因素对现金持有水平影响分析的内容。

（2）具体分析不同成长性上市公司现金持有过量或持续性过量所带来的投融资行为差异，如股权收购行为特征和融资时机的选择等。

（3）利用动态面板数据考察成长性与公司现金持有之间的互动关系，采用事件研究法、Logistic 回归和两阶段 GMM 回归等多种分析方法。

参考文献

[1] Acharya V, Almeida H, Campello M. Is Cash Negative Debt? A Hedging Perspective on Corporate Financial Policies [J]. Journal of Financial Intermediation, 2007, 16: 515–554.

[2] Adizes I. Organizational Passages: Diagnosing and Treating Life-cycle Problems of Organizations [J]. Organizational Dynamics, 1979, 8: 3–25.

[3] Aislabie C. Sudden Changes in a Model of Small Firm Growth [J]. Small Business Economics, 1992, 4: 307–314.

[4] Almeida H, Campello M, Weisbach M S. The Cash Flow Sensitivity of Cash [J]. Journal of Finance, 2004, 59: 1777–1804.

[5] Almeida H, Wolfenzon D. A Theory of Pyramidal Ownership and Family Business Groups [J]. Journal of Finance, 2006, 61: 2637–2680.

[6] Al-Najjar B, Belghitar Y. Corporate Cash Holdings and Dividend Payments: Evidence from Simultaneous Analysis [J]. Managerial and Decision Economics, 2011, 4: 231–241.

[7] Ardishvili A, Cardozo S, Harmon S, Vadakath S. A Theory of New Venture Growth. Belgium: Paper Presented at the 1998 Babson Entrepreneurship Research Conference, 1998.

[8] Arslan O, Florackis C, Ozkan A. The Role of Cash Holdings in Reducing Investment-cash Flow Sensitivity: Evidence from a Financial Crisis Period in an Emerging Market [J]. Emerging Markets Review,

2006, 7: 320-338.

[9] Bahrami H, Evans S. Stratocracy in High-technology Firms [J]. California Management Review, 1987, 30: 51-66.

[10] Baliga B, Moyer R, Ramesh P. CEO Duality and Firm Performance: What's the Fuss? [J]. Strategic Management Journal, 1996, 17: 41-53.

[11] Barclay M J, C W. Smith, Jr. On Financial Architecture: Leverage, Maturity, and Priority [J]. Journal of Applied Corporate Finance, 1996, 8: 4-17.

[12] Barkham R, Gudgin G, Hart M, Hanvey E. The Determinants of Small Firm Growth [M]. London: Athenaeum Press, 1996.

[13] Barth J R, Bennett J T. Deposit Variability and Commercial Bank Cash Holdings [J]. The Review of Economics and Statistics, 1975, 57: 238-241.

[14] Baskin J. Corporate Liquidity in Games of Monopoly Power [J]. Review of Economics and Statistics, 1987, 69: 312-319.

[15] Bates T W, Kahle K M, Stulz R M. Why Do US Firms Hold So Much More Cash than They Used To? [J]. Journal of Finance, 2009, 5: 1985-2021.

[16] Baum C, Caglayan M, Stephen A, Talavera O. Uncertainty Determinants of Corporate Liquidity [J]. Economic Modelling, 2008, 25: 833-849.

[17] Baum J R, Locke E A. The Relationship of Entrepreneurial Traits, Skill and Motivation to Subsequent Venture Growth [J]. Journal of Applied Psychology, 2004, 89: 587-598.

[18] Baumol W J. The Transactions Demand for Cash: An Inventory Theoretic Approach [J]. The Quarterly Journal of Economics, 1952, 66: 545-556.

[19] Berle A, Means G. The Modern Corporation and Private Property [M]. New York: Mc-Millan, 1932.

[20] Blanchard O, Lopez-de-Silanes F, Shleifer A. What Do Firms Do With Cash Windfalls? [J]. Journal of Financial Economics, 1994, 36: 337-360.

[21] Blundel R K, Hingley M. Exploring Growth in Vertical Inter-firm Relationships: Small-medium Firms Supplying Multiple Food Retailers [J]. Journal of Small Business and Enterprise Development, 2001, 8: 245-265.

[22] Boone A L, Field L C, Karpoff J M, Raheja C G. The Determinants of Corporate Board Size and Composition: an Empirical Analysis [J]. Journal of Financial Economics, 2007, 85: 66-101.

[23] Borokhovich K A, Parrino R, Trapani T. Outside Directors and CEO Selection [J]. Journal of Financial and Quantitative Analysis, 1996, 31: 337-355.

[24] Boyle G W, Guthrie G A. Investment, Uncertainty and Liquidity [J]. The Journal of Finance, 2003, 58: 2143-2166.

[25] Brealey R A, Myers S C. Principles of Corporate Finance [M]. New York: Mc Graw-Hill Book Co., 1996.

[26] Bridge S, O'Neill K, Cromie S. Understanding Enterprise, Entrepreneurship and Small Business [M]. London: Palgrave Macmillan, 2003.

[27] Byrd J, Hickman K. Do Outside Directors Monitor Managers? Evidence from Tender Offer Bids [J]. Journal of Financial Economics, 1992, 32: 195-222.

[28] Canals J. Managing Corporate Growth [M]. Oxford: Oxford University Press, 2000.

[29] Casson M. The Entrepreneu: an Economic Theory [M]. Ox-

ford: Martin Robertson, 1982.

[30] Chang K, Noorbakhsh A. Does National Culture Affect International Corporate Cash Holdings? [J]. Journal of Multinational Financial Management, 2009, 19: 323-342.

[31] Chaston I. Entrepreneurial Management in Small Firms [M]. London: Sage Publications, 2010.

[32] Chen M, Cao Y, Ma Y. An Empirical Research on the Evolution Model of Competitiveness between Different Life Cycle Stages in Chinese Enterprises [J]. Journal of Combinatorics, Information & System Sciences, 2008, 6: 351-370.

[33] Chen N, Mahajan A. Effects of Corporate Govemance and Monetary Union on Corporate Liquidity [EB/OL]. Working Paper, http: www.fma.org/Chicago/Papers/Corporate Liquidity MonetaryUnionnfman.Pdf, 2005-5-25.

[34] Churchill N C, Lewis V L. The Five Stages of Small Business Growth [J]. Harvard Business Review, 1983, 61: 30-50.

[35] Claessens S, Djankov S, Fan J, Lang L. Disentangling the Incentive and Entrenchment Effects of Large Shareholdings [J]. The Journal of Finance, 2002, 57: 2741-2771.

[36] Claessens S, Djankov S, Lang L. The Separation of Ownership and Control in East Asian Corporations [J]. Journal of Financial Economics, 2000, 58: 81-112.

[37] Colquitt L L, Sommer D W, Godwin N H. Determinants of Cash Holdings by Property-liability Insurers [J]. The Journal of Risk and Insurance, 1999, 66: 401-415.

[38] Cossin D, Hricko T. The Benefits of Holding Cash: a Real Options Approach [J]. Managerial Finance, 2004, 5: 29-43.

[39] Couderc N. Corporate Cash Holdings: Financial Determinants

and Consequences [EB/OL] . Working Paper, http: //www.univ-orleans.fr/ deg/GDRecomofi/Activ/couderc_strasbg05.pdf, 2005.

[40] Custodio C, Raposo C. Cash Holdings and Business Conditions [EB/OL] . Working Paper, ISCTE Business School-Lisbon, 2004.

[41] D'Mello R, Krishnaswami S, Larkin P J. Determinants of Corporate Cash Holdings: Evidence from Spin-offs [J]. Journal of Banking and Finance, 2008, 7: 1209-1220.

[42] Davidsson P, Delmar F. Entrepreneurship and the Growth of Firms [M] . Cornwall: MPG Book Ltd., 2006.

[43] Davidsson P, Wiklund J. Conceptual and Empirical Challenges in the Study of Firm Growth [M] . Oxford: Blackwell Business, 2000.

[44] Davidsson P. Continued Entrepreneurship: Ability, Need and Opportunity as Determinants of Small Firm Growth [J]. Journal of Business Venturing, 1991, 6: 405-429.

[45] Delmar F, Davidsson P, Gartner W. Arriving at the High-growth Firm [J]. Journal of Business Venturing, 2003, 18: 189-216.

[46] Delmar F. Measuring Growth: Methodological Considerations and Empirical Results [J]. Entrepreneurship and SME Research, 1997, 26: 190-216.

[47] Denis D K, McConnell J J. International Corporate Governance [J]. Journal of Financial and Quantitative Analysis, 2003, 38: 1-36.

[48] Dess G G, Beard D W. Dimensions of Organizational Task Environments [J]. Administrative Science Quarterly, 1984, 29: 52-73.

[49] Diamond D W. Seniority and Maturity of Debt Contracts [J]. Journal of Financial Economics, 1993, 33: 341-368.

[50] Dittmar A, Mahrt-Smith J, Servaes H. International Corporate Governance and Corporate Cash Holding [J]. Journal of Financial and Quantitative Analysis, 2003, 38: 111-134.

[51] Dittmar A, Mahrt-Smith J. Corporate Governance and the Value of Cash Holdings [J]. Journal of Financial Economies, 2007, 83: 599-634.

[52] Duchin R. Cash Holdings and Corporate Diversification [J]. Journal of Finance, 2010, 65: 955-991.

[53] Dunn P, Cheatham L. Fundamentals of Small Business Financial Management for Start Up, Survival, Growth and Changing Economic Circumstances [J]. Managerial Finance, 1993, 19: 1-14.

[54] Easterbrook F. Two Agency-cost Explanations of Dividends [J]. American Economic Review, 1984, 74: 650-659.

[55] Eisenberg T, Sundgren S, Wells M. Larger Board Size and Decreasing Firm Value in Small Firms [J]. Journal of Financial Economics, 1998, 48: 35-54.

[56] Erkki K, Laitinen A. A Dynamic Performance Measurement System: Evidence from Small Finish Teehnology Companies [J]. Scand.J. Mgmt, 2002, 18: 65-99.

[57] Faccio M, Lang L, Young L. Dividends and Expropriation [J]. American Economic Review, 2001, 91: 54-78.

[58] Faccio M, Lang L. The Ultimate Ownership of Western European Corporations [J]. Journal of Financial Economics, 2002, 65: 365-395.

[59] Faleye O. Cash and Corporate Control [J]. The Journal of Finance, 2004, 59: 2041-2060.

[60] Fama E F, French K R. Common Risk Factors in the Returns on Stocks and Bonds [J]. Journal of Financial Economics, 1993, 33: 3-56.

[61] Fama E F, French K R. Taxes, Financial Decisions, and Firm Value [J]. Journal of Finance, 1998, 53: 819-843.

[62] Fama E F, Jensen M. Separation of Ownership and Control

[J]. Journal of Law and Economics, 1983, 26: 301-325.

[63] Faulkender M, Wang R. Corporate Financial Policy and the Value of Cash [J]. Journal of Finance, 2006, 61: 1957-1990.

[64] Faulkender M. Cash Holdings among Small Business [EB/OL]. Work Papers, http: //www.ssrn.com, 2002.

[65] Fazzari S M, Hubbard R G, Petersen B C. Financing Constraints and Corporate Investment [J]. Brookings Papers on Economic Activity, 1998, 88: 141-207.

[66] Fazzari S M, Petersen B C. Working Capital and Fixed Investment: New Evidence on Financing Constraints [J]. RAND Journal of Economics, 1993, 24: 328-342.

[67] Ferreira M A, Vilela A S. Why Do Firms Hold Cash? Evidence from EMU Countries [J]. European Financial Management, 2004, 10: 295-319.

[68] Flamholtz E G. Managing the Transition from an Entrepreneurship to a Professionally Managed Firm [M]. San Francisco: Jossey-Bass, 1986.

[69] Flannery M J. Asymmetric Information and Risky Debt Maturity Choice [J]. Journal of Finance, 1986, 41: 19-37.

[70] Franks J, Mayer C, Renneboog L. Who Sisciplines Management in Poorly Performing Companies? [J]. Journal of Financial Intermediation, 2001, 10: 209-248.

[71] Froot K, Scharfstein D, Stein J. Risk Management: Coordinating Corporate Investment and Financing Policies [J]. Journal of Finance, 1993, 48: 1629-1658.

[72] Gibrat R. Les Inegalites Economique [M]. Paris: Sirey, 1931.

[73] Gilbert B A, McDougall P P, and Audretsch D B. New Venture Growth: a Review and Extension [J]. Journal of Management,

2006, 32: 926-940.

[74] Gompers P, Ishii J, Metrick A. Corporate Governance and Equity Prices [J]. Quarterly Journal of Economics, 2003, 118: 107-155.

[75] Graham J, Harvey C. The Theory and Practice of Corporate Finance: Evidence from the Field [J]. Journal of Financial Economics, 2001, 60: 187-243.

[76] Greiner, L. Evolution and Revolution as Organizations Grow [J]. Journal of Small Business Management, 1972, 472: 37-46.

[77] Grossman S, Hart O. One-share, One-vote, and the Market for Corporate Control [J]. Journal of Financial Economics, 1988, 20: 175-202.

[78] Grullon G, Michaely R. Corporate Payout Policy and Product Market Competition [J]. AFA 2008 New Orleans Meeting Paper, 2007.

[79] Guney Y, Ozkan A, Ozkan N. Additional Evidence on Corporate Cash Holding [EB/OL]. Working Paper, http: //www.ssrn.com, 2003.

[80] Guney Y, Ozkan A, Ozkan N. International Evidence on the Non-linear Impact of Leverage on Corporate Cash Holdings [J]. Journal of Multinational Financial Management, 2007, 17: 45-60.

[81] Han S, Qiu J. Corporate Precautionary Cash Holdings [J]. Journal of Corporate Finance, 2007, 13: 43-57.

[82] Hanks S, Watson C, Jason E, Chandler G. Tightening the Life-cycle Construct: a Taxonomic Study of Growth Stage Configurations in High-technology Organizations [J]. Entrepreneurship Theory and Practice, 1993, 18: 5-29.

[83] Hannan M T, Freeman J H. The Population Ecology of Organizations [J]. American Journal of Sociology, 1977, 82: 929-964.

[84] Hardin W G, Highfield M J, Hill M D, Kelly W. The Determinants of REIT Cash Holdings [J]. Journal of Real Estate Financial Eco-

nomics, 2009, 1: 39–57.

[85] Harford J, Mansi S A, Maxwell W F. Corporate Governance and Firm Cash Holdings in US [J]. Journal of Financial Economics, 2008, 87: 535–555.

[86] Harford J. Corporate Cash Reserves and Acquisitions [J]. Journal of Finance, 1999, 54: 1969–1997.

[87] Harris M, Raviv A. A Theory of Board Control and Size [J]. Review of Financial Studies, 2005, 22: 145–176.

[88] Harris M, Raviv A. Capital Structure and the Informational Role of Debt [J]. Journal of Finance, 1990, 45: 321–349.

[89] Haushalter, David, Sandy Klasa, William F M. The Influence of Product Market Dynamics on the Firm's Cash Holdings and Hedging Behavior[J]. Jorunal of Financial Economics, 2007, 84: 797–825.

[90] Hermalin B, Weisbach M. Boards of Directors as an Endogenously Determined Institution: a Survey of the Economic Literature [J]. FRBNY Economic Policy Review, 2003, 42: 7–26.

[91] Holdemess C G. A Survey of Blockholders and Corporate Control [J]. Economic Policy Review, 2003, 9: 52–64.

[92] Hoshi T, Kashyap A, Scharfstein D. Corporate Structure Liquidity and Investment: Evidence from Japanese Panel Date [J]. The Quarterly Journal of Economics, 1991, 106: 33–60.

[93] Hoy F, McDougall P P, Dsouza D E. Strategies and Environments of High Growth Firms [J]. The State of the Art of Entrepreneurship, 1992, 1: 341–357.

[94] Huang Y, Elkinawy S, Jain P K. Investor Protection and Cash Holdings: Evidence from US Cross–listing [J]. Journal of Banking & Finance, 2013, 37: 937–951.

[95] ICFAI. Business Environment [M] . Hyderabad: The ICFAI

Centre for Management Research, 2001.

[96] Ip B, Jacobs G. Business Succession Planning: A Review of the Evidence [J]. Journal of Small Business and Enterprise Development, 2006, 13: 326-338.

[97] Jani E, Hoesli M, Bender A. Corporate Cash Holdings and Agency Conflicts [EB/OL]. Working Paper, http: //www.ssrn.com, 2004.

[98] Jensen G R, Solberg D P, Zorn T S. Simultaneous Determination of Insider Ownership, Debt, and Dividend Policies [J]. Journal of Financial and Quantitative Analysis, 1992, 27: 247-263.

[99] Jensen M C, Meckling W H. Theory of the Firm: Managerial Behavior, Agency Costs and Ownership Structure [J]. Journal of Financial Economics, 1976, 3: 305-360.

[100] Jensen M C. Agency Costs of Free Cash Flow, Corporate Finance and Takeovers [J]. American Economic Review, 1986, 76: 323-329.

[101] Jensen M C. The Modern Industrial Revolution, Exit and the Failure of Internal Control Systems [J]. Journal of Finance, 1993, 48: 831-880.

[102] John K, Senbet L. Corporate Governance and Board Effectiveness [J]. Journal of Banking and Finance, 1998, 22: 371-403.

[103] John T A. Accounting Measures of Corporate Liquidity Lever age and Costs of Financial Distress [J]. Financial Management, 1993, 22: 91-100.

[104] Johnson S R, Boone P, Breach A, Friedman E. Corporate Governance In the Asian Financial Crisis [J]. Journal of Financial Economics, 2000, 58: 141-186.

[105] Kalcheva I, Lins K V. International Evidence on Cash Holdings and Expected Managerial Agency Problems [J]. The Review of Finan-

cial Studies, 2007, 20: 1087–1112.

[106] Kaplan R S, Norton D P. Putting the Balanced Score Card to Work [J]. Harvard Business Reviews, 1992, 9: 20–32.

[107] Kim C S, Mauer D S, Sherman A E. The Determinants of Corporate Liquidity: Theory and Evidence [J]. Journal of Financial & Quantitative Analysis, 1998, 33: 335–359.

[108] Kimberly J R. Issues in the Creation of Organizations: Initiation, Innovation and Institutionalization [J]. Accademic Manage Journal, 1979, 22: 437–457.

[109] Kusnadi Y. Do Corporate Governance Mechanisms Matter for Cash Holdings and Firm Value? [J]. Pacific –Basin Finance Journal, 2011, 19: 554–570.

[110] La Porta R, Lopez–de–Silanes F, Shleifer A, Vishny R W. Law and Finance [J]. Journal of Political Economy, 1998, 106: 1113–1155.

[111] La Porta R, Lopez–de–Silanes F, Shleifer A, Vishny R W. Legal Determinants of External Finance [J]. Journal of Finance, 1997, 52: 1131–1150.

[112] Lamont O. Cash Flow and Investment: Evidence from Internal Capital Markets [J]. The Journal of Finance, 1997, 52: 83–109.

[113] Lang L, Stulz R M, Walkling R A. A Test of the Free Cash Flow Hypothesis: The Case of Bidder Returns [J]. Journal of Financial Economics, 1991, 29: 315–335.

[114] Lang, Larry H P, Rene M, Stulz. Tobin'Q, Corporate Diversification, and Firm Value [J]. Journal of Political Economy, 1994, 102: 1248–1280.

[115] Leitch C, Hill F, Neergaard H. Entrepreneurial and Business Growth and the Quest for a Comprehensive Theory: Tilting at Windmills?

[J]. Entrepreneurship Theory and Practice, 2010, 34: 249-260.

[116] Levie J, Hay M. Progress or Just Proliferation? A Historical Review of Stages Models of Early Corporate Growth [M]. London: London Business School, 1998.

[117] Levie J, Lichtenstein, B. A Terminal Assessment of Stages Theory: Introducing a Dynamic States Approach to Entrepreneurship [J]. Entrepreneurship: Theory & Practice, 2010, 34: 317-350.

[118] Luo Q, Hachiya T. Corporate Governance, Cash Holdings, and Firm Value: Evidence from Japan [J]. Review of Pacific Basin Financial Markets and Policies, 2005, 8: 613-636.

[119] Majumdar S. Modeling Growth Strategy in Small Entrepreneurial Business Organizations[J]. Journal of Entrepreneurship, 2008, 17: 157-185.

[120] Mak Y, Kusnadi Y. Size Really Matters: Further Evidence on the Negative Relationship between Board Size and Firm Value [J]. Pacific Basin Finance Journal, 2005, 13: 301-318.

[121] Maskin E, Tirole J. A Theory of Dynamic Oligopoly: Overview and Quantity Competition [J]. European Economic Review, 1987, 31: 947-968.

[122] Mehran H. Executive Compensation Structure, Ownership and Firm Performance [J]. Journal of Financial Economics, 1995, 38: 163-184.

[123] Meltzer A H. The Demand for Money: the Evidence from the Time Series [J]. The Journal of Political Economy, 1963, 71: 219-246.

[124] Mikkelson W H, Partch M M. Do Persistent Large Cash Reserves Hinder Performance? [J]. Journal of Financial and Quantitative Analysis, 2003, 38: 275-294.

[125] Miller M H, Orr D. A Model of the Demand for Money by

Firms [J]. Quarterly Journal of Economics, 1966, 80: 413–435.

[126] Minton B A, Schrand C M. The Impact of Cash Flow Volatility on Discretionary Investment and the Costs of Debt and Equity Financing [J]. Journal of Financial Economics, 1999, 54: 423–460.

[127] Myers S C, Majluf N S. Corporate Financing and Investment Decisions When Firms Have Infonnation that Investors Do Not Have [J]. Journal of Financial Economics, 1984, 13: 187–221.

[128] Myers S C, Rajan, R. The Paradox of Liquidity [J]. Quarterly Journal of Economics, 1998, 113: 733–771.

[129] Oliveira B, Fortunato A. Testing Gibrat's Law: Empirical Ev–idence from a Panel of Portuguese Manufacturing Firms [J]. International Journal of the Economics of Business, 2006, 13: 65–81.

[130] Opler T, Pinkowitz L, Stulz R, Williamson R. The Determi–nants and Implications of Corporate Cash Holdings [J]. Journal of Financial Economics, 1999, 52: 3–46.

[131] Ozkan A, Ozkan N. Corporate Cash Holdings: an Empirical Investigation of UK Companies [R]. SSRN Working Paper, 2002.

[132] Ozkan A, Ozkan N. Corporate Cash Holdings: An Empirical Investigation of UK Companies [J]. Journal of Banking & Finance, 2004, 28: 2103–2134.

[133] Papaioannou G J, Strock E, Travlos N G. Ownership Structure and Corporate Liquidity Policy [J]. Managerial and Decision Economics, 1992, 13: 315–322.

[134] Penrose E.The Theory of the Growth of the Firm [M]. Lon–don: Oxford University Press, 1959.

[135] Peterson M A, Rajan R G. The Effect of Credit Market Com–petition on Lending Relationships [J]. The Quarterly Journal of Economics, 1995, 110: 407–443.

[136] Phelps R, Admas R, Bessant, J. Life Cycle of Growing Organizations: a Review with Implications for Knowledge and Learning [J]. International Journal of Management Reviews, 2007, 9: 1-30.

[137] Pinkowitz L, Stulz R, Williamson R. Does the Contribution of Corporate Cash Holdings and Dividends to Firm, Value Depend on Governance? A Cross-country Analysis [J]. The Journal of Finance, 2007, 61: 2725-2751.

[138] Pinkowitz L, Williamson R. Bank Power and Cash Holdings: Evidence from Japan [J]. The Review of Financial Studies, 2001, 14: 1059-1082.

[139] Pinkowitz L, Williamson R. What is a Dollar Worth? The Market Value of Cash Holdings [EB/OL]. Working Paper, http: //www.faculty.msb.edu/Williarg/MVofcash-All.pdf, 2004.

[140] Pinkowitz L, Williamson R. What is the Market Value of a Dollar of Corporate Cash? [J]. Journal of Applied Corporate Finance, 2007, 19: 74-81.

[141] Quinn R, Cameron K. Organizational Life Cycles and Shifting Criteria of Effectiveness: Some Preliminary Evidence [J]. Management Science, 1983, 29: 33-51.

[142] Rajan R G, Zingales L. Why Do We Know about Capital Structure? Some Evidence from International Data [J]. The Journal of Finance, 1995, 5: 1421-1460.

[143] Ravi Jagannathan, Shaker B Srinivasan. Does Product Market Competion Reduce Agency Costs? [R]. Working Paper, 1999.

[144] Richardson S. Overinvestment of Free Cash Flow [J]. Review of Accounting Studies, 2006, 11: 159-189.

[145] Riddick L A, Whited T M. The Corporate Propensity to Save [J]. Journal of Finance, 2009, 64: 1729-1766.

[146] Rutherford M W, Buller P F, Mcmullen P R. Human Resource Manangement Problems Over the Life-cycle of Small to Medium-sized Firms [J]. Human Resource Management, 2003, 42: 321-335.

[147] Saddour K. The Determinants and the Value of Cash Holdings: Evidence from French Firms [EB/OL]. Working Paper, http://www.dauphine.fr/cereg/Cahiers-rech/cereg200606.Pdf, 2006.

[148] Santarelli E, Klomp L, Thurik R. Entrepreneurship, Growth and Innovation [M]. Berlin: Springer Science, 2006.

[149] Schwetzler B, Reimund C. Valuation Effect of Cash Holdings: Evidence from Germany [EB/OL]. Work Papers, http://www.ssrn.com, 2004.

[150] Shepherd D, Wiklund J. Are We Comparing Apples with Apples or Apples with Oranges? Appropriateness of Knowledge Accumulation across Growth Studies [J]. Entrepreneurship Theory and Practice, 2009, 33: 105-123.

[151] Shin H H, Kim Y H. Agency Costs and Efficiency of Businesse Capital Investment: Evidence from Quarterly Capital Expenditures [J]. Journal of Corporate Finance, 2002, 8: 139-158.

[152] Shleifer A, Vishny R W. A Survey of Corporate Governance [J]. Journal of Finance, 1997, 52: 737-783.

[153] Stubbart C I, Smalley R D. The Deceptive Allure of Stage Models of Strategic Processes [J]. Jorunal of Management Inquiry, 1999, 8: 273-287.

[154] Sutton J. Gibrat's Legacy [J]. Journal of Economic Literature, 1997, 35: 40-59.

[155] Teruel P J G, Solano P M. Impact on the Determinants of SMEs Cash Holding: Evidence from Spain [EB/OL]. Work Papers, http://www.ssrn.com, 2004.

[156] Titman S, Robert Wessels. The Determinants of Capital Structure Choice [J]. Journal of Finance, 1988, 43: 1-19.

[157] Tobin J. The Interest-Elasticity of Transactions Demand for Cash [J]. The Review of Economics and Statistics, 1956, 38: 241-247.

[158] Tsui J, Jaggi B, Gul F. CEO Domination, Growth Opportunities, and Their Impact on Audit Fees [J]. Journal of Accounting, Auditing and Finance, 2001, 16: 189-208.

[159] Venkiteshwaran, Vinod. Partial Adjustment toward Optimal Cash Holding Levels [J]. Review of Financial Economics, 2011, 20: 113-121.

[160] Wasserman J. Impact of Venture Capital on High-technology Industries [J]. Review of Business, 1988, 10: 5-6.

[161] Weinzimmer L G, Nystrom P C, Freeman S J. Measuring Organizational Growth: Issues, Consequences and Guidelines [J]. Journal of Management, 1998, 24: 235-262.

[162] Weisbach M. Outside Directors and CEO Turnover [J]. Journal of Financial Economics, 1988, 20: 431-460.

[163] Yermack D. Higher Market Valuation of Companies with a Small Board of Directors [J]. Journal of Financial Economics, 1996, 40: 185-211.

[164] [美] 艾尔弗雷德，拉帕波特. 创造股东价值的十条原则 [J]. 詹正茂译. 商业评论，2006 (26)：104-119.

[165] 白重恩等. 中国上市公司治理结构的实证研究 [J]. 经济研究，2005 (2)：81-91.

[166] 鲍新中，李晓非. 基于时序数据的高技术企业成长性分析 [J]. 科学学研究，2010 (2)：275-281.

[167] 曹森. 交叉上市、治理环境与上市公司超额现金价值 [J]. 管理科学，2012 (4)：31-43.

［168］ 陈晓，江东. 股权多元化——公司业绩与行业竞争性［J］. 经济研究，2000（8）：28–35.

［169］ 陈雪峰，翁君奕.配股公司现金持有与经营业绩［J］. 决策借鉴，2002（4）：37–41.

［170］ 程建伟，周伟贤. 上市公司现金持有：权衡理论还是啄食理论［J］. 中国工业经济，2007（4）：104–110.

［171］ 范柏乃，沈荣芳，陈德棉.中国风险企业成长性评价指标体系研究［J］. 科研管理，2001（1）：112–117.

［172］ 顾乃康，孙进军. 现金的市场价值：基于中国上市公司的实证研究 ［A］. 中国会计评论理事会，中国第五届实证会计国际研讨会会议论文集 ［C］. 北京大学，2006.

［173］ 侯合银，王浣尘. 高新技术创业企业的可持续发展能力评价指标构建［J］. 科学和科学技术概论，2003（4）：12–15.

［174］ 胡国柳，蒋永明. 现金持有决策的影响因素——来自 B 股公司的经验证据［J］. 湖南大学学报（社会科学版），2005（6）：49–54.

［175］ 胡国柳，刘宝劲，马庆仁. 上市公司股权结构与现金持有水平关系的实证分析［J］. 财经理论与实践，2006（4）：39–44.

［176］ 胡国柳，王化成. 上市公司现金持有影响因素的实证研究［J］. 东南大学学报（社会科学版），2007（2）：57–64

［177］ 惠恩才. 关于上市公司成长性分析［J］. 财经问题研究，1998（4）：49–51.

［178］ 姜宝强，毕晓方. 超额现金持有与企业价值的关系探析——基于代理成本的视角［J］. 经济与管理研究，2006（12）：49–55.

［179］ 金雪军，王利刚. 公司现金储备和公司治理机制——基于中国上市公司的实证研究 ［J］. 浙江大学学报（人文社会科学版），2007（1）：168–177.

［180］ 况学文. 中国上市公司现金持有政策研究——基于融资约束理论的经验证据 ［D］. 厦门大学博士学位论文，2008.

[181] 赖国毅. 工业企业上市公司成长性的归因分析 [J]. 四川教育学院学报，2007（1）：88-91.

[182] 雷志威. 信息不对称对中国上市公司现金持有水平及其价值影响研究 [D]. 华南理工大学博士学位论文，2012.

[183] 李维安. 中国投资者支付了公司治理溢价 [J]. 南开管理评论，2006（3）：1.

[184] 李延喜，巴雪冰，薛光. 企业成长性综合评价方法的实证研究 [J]. 大连理工大学学报（社会科学版），2006（3）：1-6.

[185] 李永伟，李若山. 上市公司股权质押下的"隧道挖掘"——明星电力资金黑洞案例分析[J]. 财务与会计：理财版，2007（1）：39-42.

[186] 李志杰，杨景岩，张磊，王化成. 上市公司控制权特征对现金持有的影响研究——基于理财决策的传导机制 [J]. 经济理论与经济管理，2007（3）：38-43.

[187] 连玉君，彭方平，苏治. 融资约束与流动性管理行为 [J]. 金融研究，2010（10）：158-171.

[188] 连玉君，苏治. 上市公司现金持有：静态权衡还是动态权衡 [J]. 世界经济，2008（10）：84-96.

[189] 刘峰，贺建刚，魏明海. 控制权、业绩与利益输送——基于五粮液的案例研究 [J]. 管理世界，2004（8）：102-110.

[190] 刘星等. 我国上市公司融资顺序的实证研究 [J]. 会计研究，2004（6）：66-72.

[191] 吕长江，周县华.公司治理结构与股利分配动机——基于代理成本和利益侵占的分析 [J]. 南开商业评论，2005（8）：9-17.

[192] 马军生. 我国上市公司现金持有的影响因素和市场价值 [D]. 复旦大学博士学位论文，2007.

[193] 南开大学公司治理研究中心公司治理评价课题组. 中国上市公司治理指数与公司绩效的实证分析——基于中国 1149 家上市公司的研究 [J]. 管理世界，2006（3）：104-113.

[194] 南开大学公司治理研究中心公司治理评价课题组. 中国上市公司治理指数与治理绩效的实证分析［J］. 管理世界，2004（2）：63–74.

[195] 彭桃英，周伟. 中国上市公司高额现金持有动因研究——代理理论抑或权衡理论［J］. 会计研究，2006（5）：42–49.

[196] 孙杰. 董事会特征、公司治理与企业现金持有水平——来自我国上市公司的经验证据［J］. 西安财经学院院报，2007（3）：44–49.

[197] 孙永祥，黄祖辉. 上市公司的股权结构与绩效［J］. 经济研究，1999（12）：23–30.

[198] 王春峰，黄晓彬，房振明. 中国上市公司现金持有动态调整行为研究［J］. 山西财经大学学报，2010（1）：108–114.

[199] 王利刚. 中国上市公司现金持有的影响因素与价值效应研究［D］. 浙江大学博士学位论文，2007.

[200] 吴世农，李常青，余玮. 我国上市公司成长性的判定分析和实证研究［J］. 南开管理评论，1999（4）：49–57.

[201] 夏立军，方轶强. 政府控制、治理环境与公司价值——来自中国证券市场的经验证据［J］. 经济研究，2005（5）：40–51.

[202] 夏清华，李雯. 企业成长性评价的研究特征述评——基于元研究的量化分析［J］. 中国软科学，2010（1）：290–296.

[203] 辛宇，徐莉萍. 公司治理机制与超额现金持有水平［J］. 管理世界，2006a（5）：136–141.

[204] 辛宇，徐莉萍. 上市公司现金持有水平的影响因素：财务特征、股权结构及治理环境［J］. 中国会计评论，2006b（2）：307–320.

[205] 徐莉萍，辛宇，陈工孟. 控股股东的性质与公司经营绩效［J］. 世界经济，2006（10）：78–89.

[206] 徐晓东，陈晓悦. 第一大股东对公司治理、企业业绩的影响分析［J］. 经济研究，2003（2）：64–74.

[207] 杨兴全，孙杰. 公司治理机制对公司现金持有量的影响——来自我国上市公司的经验证据［J］. 商业经济与管理，2006（10）：75–80.

[208] 杨兴全，吴昊旻. 行业特征、产品市场竞争与公司现金持有量——来自中国上市公司的经验证据 [J]. 经济评论，2009（1）：69-76.

[209] 杨兴全，张照南，吴昊旻. 治理环境、超额持有现金与过度投资——基于我国上市公司面板数据的分析 [J]. 南开管理评论，2010（5）：61-69.

[210] 杨兴全，张照南. 制度背景、股权性质与公司持有现金价值 [J]. 经济研究，2008（12）：111-123.

[211] 于东智，胡国柳，王化成. 企业的现金持有决策与公司治理分析 [J]. 金融论坛，2006（10）：28-35.

[212] 于旭，贺璐，周向前，吴兰贞. 基于 α 法的企业成长性评价模型研究 [J]. 现代管理科学，2012（5）：24-26.

[213] 张炳坤. 论企业的成长性及其财务评价 [J]. 经济师，1998（1）：39-40.

[214] 张凤，黄登仕. 中国上市公司现金持有量对融资时机偏好的影响 [J]. 系统工程，2005（12）：8-15.

[215] 张凤. 上市公司现金持有动机与投融资行为的实证分析 [D]. 西南交通大学博士学位论文，2006.

[216] 张名誉，李志军. 金融危机冲击与企业现金持有的动态调整 [J]. 经济问题，2011（8）：55-58.

[217] 张人骥，刘春江. 股权结构、股东保护与上市公司现金持有量 [J]. 财贸经济，2005（2）：3-9.

[218] 章晓霞，吴冲锋. 融资约束影响我国上市公司的现金持有政策——来自现金、现金流敏感度的分析 [J]. 管理评论，2006（10）：58-62.

[219] 钟海燕，冉茂盛. 产品市场竞争与现金持有动态调整 [J]. 经济与管理研究，2013（2）：88-95.

[220] 周伟，谢诗蕾. 中国上市公司持有高额现金的原因 [J]. 世界经济，2007（3）：67-74.

［221］ 朱和平. 创业板上市公司成长性及评价研究 ［D］. 华中科技大学博士学位论文，2004.

［222］ 朱武祥. 构建上市公司不合理持有现金的限制力量［J］. 证券市场周刊，2006（48）：18–25.

［223］ 朱武祥，宋勇. 股权结构与企业价值——对家电行业上市公司的实证分析［J］. 经济研究，2001（12）：66–72.

［224］ 祝继高，陆正飞. 货币政策、企业成长与现金持有水平变化［J］. 管理世界，2009（3）：152–158.

后　记

本书是在我博士学位论文的基础上修改而成的。回想五年前入学时的轻松惬意，到论文写作过程中的辗转反复、苦苦思索，不禁感慨万千。在这五年的时间里，我在学业、工作和生活中往返奔波，有喜悦、有失落、有收获、有遗憾。值得欣慰的是，在论文写作过程中，我逐渐体会到了学术研究的艰辛和严谨，认识到了自身的不足，更激起了我在学术道路上继续前行的信心和勇气。

首先，我要由衷感谢我的导师戚聿东教授。戚老师严谨的治学态度，渊博的知识积累，独到的学术观点和犀利又不失幽默的语言感染和震撼了我，让我看到了一个有良知的学者风范。戚老师的言传身教使我获益良多，并终身受用。

在学习和论文写作过程中，得到了诸多师长的教导、帮助和指点。感谢郑海航教授、高闯教授、吴冬梅教授、邹昭晞教授和汪平教授等对我的谆谆教诲及对论文研究提出的宝贵意见；感谢我的同事付海燕博士对论文实证研究方法给予的大力支持和帮助；感谢张颖博士为论文提供的数据支持；感谢我所在学校——北京印刷学院领导和同事对我学习和工作的理解和支持，谢谢你们！

感谢我的同窗蔡立新、刘重霄、张伟、康玉梅、王雪梅、张立省、陈丽君、孟和、李沫；同门沈晨光、付艳荣、黄赫、张孝梅，他们对我学习和生活的关心、鼓励与帮助，令我度过了一段充实而又难忘的美好时光。

最后，感谢我的父母、岳父母和妻儿，是你们的支持让我完成了这段艰辛的求学历程。感谢父母对我嘘寒问暖，承担繁重的家务；感谢妻子在我困惑、迷茫时的默默支持；同时为岳母生前的殷切期盼而感到愧疚。谢谢那些爱我的人、我爱的人，正是你们对我的支持、鼓励和帮助，使我在人生的道路上顺利前行。

除了感谢，还有坦然，更有对未来生活的美好憧憬。

何志勇

2015 年 6 月